Alfred Christlieb Kalischer

Benedikt Baruch von Spinozas Stellung zum Judentum und Christentum

Beitrag zur Lösung der Judenfrage

Alfred Christlieb Kalischer

Benedikt Baruch von Spinozas Stellung zum Judentum und Christentum
Beitrag zur Lösung der Judenfrage

ISBN/EAN: 9783743696013

Hergestellt in Europa, USA, Kanada, Australien, Japan

Cover: Foto ©Lupo / pixelio.de

Weitere Bücher finden Sie auf **www.hansebooks.com**

Benedikt (Baruch) von Spinoza's Stellung zum Judenthum und Christenthum.

Als Beitrag zur Lösung der „Judenfrage"

beleuchtet von

Dr. Alfred Chr. Kalischer.

Motto:
»Ich sehe und höre, daß sie nichts Rechtes lehren. Keiner ist, dem seine Bosheit leid wäre, und spräche: »Was mache ich doch?« Sie laufen alle ihren Lauf, wie ein grimmiger Hengst im Streit.«
(Jeremias Cap. 8, Vers 6.)

Berlin SW.

Verlag von Carl Habel.
(C. F. Lüderitz'sche Verlagsbuchhandlung.)
33. Wilhelm-Straße 33.

Das Recht der Uebersetzung in fremde Sprachen wird vorbehalten.
Für die Redaction verantwortlich: Dr. Fr. v. Holtzendorff in München.

Einleitendes.

Für den besonnenen Beobachter der haßerfüllten Bewegung, die sich seit längerer Zeit gegen das Volk Israel, das Volk der Gotteswahl, in deutschen und in anderen Landen kund giebt, müssen namentlich zweierlei Momente etwas durchaus Befremdliches an sich tragen. Einmal auf Seiten der Christenheit eine oft fast unglaubliche Unkenntniß, Vernachlässigung und selbst Verunglimpfung des Alten Testaments, woraus sich als natürliche Folge ergiebt — denn so sehr bilden Altes und Neues Testament einen einheitlichen Gottesorganismus —, daß derartigen Geschöpfen auch der Sinn für das rechte Erfassen des Neuen Testaments arg verkümmert, wenn nicht gar gänzlich verschlossen wird. Wer die Heilige Schrift unbefangenen Gemüths immer als einiges Werk des göttlichen Geistes erschaut und diesem Geiste zu all seinen unendlichen Tiefen und Höhen folgt, der muß von aller blindwüthigen Leidenschaft gegen Israel schlechterdings befreit sein oder werden und das Volk Israel mit Paulinischem Auge ansehen lernen. Allen denkenden Bekennern Jesu und Mose können die Kapitel 9—11 der Römer-Epistel nicht genug zum anhaltenden Studium empfohlen werden. Sie enthalten in nuce nichts Geringeres als die gesammte Lösung der „Judenfrage". Darin heißt es unter Anderem (Kap. 9, 4): „Die da sind von Israel, welchen gehöret die Kindschaft, und die Herrlichkeit, und der Bund, und das Gesetz, und der Gottesdienst, und die Verheißung;" andrerseits aber auch (Kap. 10, 1—2): „Lieben Brüder, meines Herzens Wunsch ist, und flehe auch Gott für Israel, daß sie selig werden." „Denn ich gebe ihnen das Zeugniß, daß sie eifern um Gott, aber mit Unverstand."

Auf Seiten der Bekenner Mosis darf — das ist das zweite Moment — ein Doppeltes billig unser Erstaunen erregen. Zunächst ist es in den Kreisen nicht=orthodoxer Israeliten eine auffallende Vernachlässigung der Bibel überhaupt, die sie in Unklarheit über sich selbst, d. h. über die Mission des Volkes Israel beläßt. Noch mehr dürfte man sich aber darüber wundern, daß auf Seiten der denkenden Israeliten in diesem hochernsten Problem der Gegenwart der größeste schöpferische Geist des nachchristlichen Israel, ich meine Benedikt von Spinoza, so geringe oder vielmehr gar keine Berücksichtigung erfährt. Und doch ist in der Gedankenarbeit dieses eben so scharfsinnigen, originalen, als selbstlosen und liebevollen Denkers die Lösung dieses brennenden Problems ebenso gegeben, wie in der Römerepistel des großen Heidenapostels Paulus. Der religiöse Geist eines Paulus erschaut die gleichen Resultate wie der philosophische Geist eines Spinoza, ein köstlicher Beweis, daß Philosophie und Religion sich doch durchaus nicht in dem unversöhnlichen Gegensatze zu einander befinden, wie es Viele Wort haben wollen.

Dem freundlichen, aber mit nichten denkfaulen Leser soll nun mit Folgendem das Wichtigste aus Spinoza's Ansichten über die gesammte Heilige Schrift, soweit es sein Verhältniß zum Mosaismus und Christismus klarlegen kann, kritisch vorgetragen werden. — Der freundliche Leser wolle entschuldigen, daß ich vorher noch eine kurze persönliche Bemerkung mache. — Schon lange bevor diese Bewegung gegen das Volk Israel um sich zu greifen begann, hatte ich halb-anonym folgende Schrift erscheinen lassen: „Was uns in der Religion Noth thut," ein Weckruf an die Bekenner Jesu und an die Bekenner Mose; von Alfred Christlieb (Berlin 1879; 51 Seiten). — Schon in dieser Schrift, die sich von Seite 33 ab speziell mit den Mosaischen beschäftigt, ließ ich es mir besonders angelegen sein, auf Benedikt Spinoza's Religionsphilosophie hinzuweisen, citierte auch zu Nutz und Frommen der Israeliten Mancherlei aus dem Geistesschatze dieses einzigen Denkers. Da nun hier auf dieses wie auf manches Andere meiner kleinen religiösen Schrift Bezug genommen werden wird, mußte diese persönliche Bemerkung voraufgeschickt werden.

I.

Bekanntlich ist das philosophische, resp. religionsphilosophische Gesammtsystem Spinoza's in seinen zwei fundamentalen Schöpfungen, der „Ethik" und dem „Theologisch-politischen Traktate" enthalten. Alles was zur Erkenntniß der Heiligen Schrift des Alten wie des Neuen Testaments beitragen soll, also all seine eigentlich religiösen Anschauungen sind in seinem zweiten Hauptwerke enthalten, dessen vollständiger Titel also lautet: „Theologisch-politischer Traktat, einige Abhandlungen enthaltend, worin dargethan wird, daß die Freiheit zu philosophiren nicht nur unbeschadet des Glaubens und des Friedens im Staate gestattet werden könne, sondern daß sie nur zugleich mit dem Frieden im Staate und dem Glauben selber aufgehoben werden könne." Den Geist dieses umfassenden Werkes charakterisiert nichts so schön als das tiefsinnige Motto aus der ersten Johannes-Epistel (Kap. 4, 13), das Spinoza seinem Buche selbst vorangestellt hat, nämlich: „Daran erkennen wir, daß wir in Gott und Gott in uns ist, daß er uns von seinem Geiste gegeben hat." Genau genommen, muß es wie bei Luther heißen, „daß wir in ihm und Er in uns ist," weil das Wort „Gott", worauf sich „ihm" und „Er" bezieht, im voraufgehenden Verse vorkommt. Aber Spinoza mußte sich, da im Wesen nichts geändert ist, diese kleine Abweichung vom Grundtexte (ἐν τούτῳ γινώσκομεν ὅτι ἐν αὐτῷ μένομεν καὶ αὐτὸς ἐν ἡμῖν, ὅτι ἐκ τοῦ πνεύματος αὐτοῦ δέδωκεν ἡμῖν; editio Tischendorf) geſtatten, weil er den in ſich abgeſchloſſenen, durch ſich allein verſtänblichen Gedanken herausheben wollte. —

In der Vorrede befaßt ſich Spinoza beſonders mit den Urſachen der Entartung alles echten Glaubens, nämlich des Aberglaubens und nennt als deſſen Hauptgrund die ſelbſtiſche Furcht. „Denn die Urſache, wodurch der Aberglaube entſteht, erhalten und genährt wird, iſt die Furcht."¹) Die Furcht, daß dem lieben Ich irgend etwas Unliebſames, Unbequemes begegnen könnte, iſt heute freilich kaum weniger wirkſam, als zur Zeit Spinoza's, hält Gläubige wie Ungläubige ebenſo in den Banden des Aberglaubens und demzufolge alteingewurzelter Vorurtheile wie in jenen Zeiten. Man wird ſich darum nicht ſo ſehr wundern dürfen, wenn viele Spinoza'ſche Gedanken unſere ureigenſte Gegenwart durchaus ſo treffen, wie ein bereits mehr als zweihundert Jahre vergangenes Zeitalter. Ich werde daher nur zu ſolchen hier vorzutragenden Meinungen und Ideen dieſes Denkers das Wort ergreifen, die für unſere Zeit werthlos geworden, oder überhaupt je nach dem Standpunkte, den wir Heutigen dabei einnehmen, anfechtbar ſind.

„Ich habe mich oft gewundert," ſagt Spinoza in dieſer Vorrede, „daß Menſchen, die ſich rühmen, ſich zur chriſtlichen Religion, das heißt zur Liebe, Freudigkeit, Friedfertigkeit, Mäßigung und Treue gegen Jedermann zu bekennen, mit mehr als unbilligem Sinne ſtreiten und den bitterſten Haß täglich gegen einander auslaſſen, ſo daß leichter hieraus, als aus jenen Tugenden, der Glaube eines Jeden zu erkennen iſt; denn ſchon lange iſt es ſo weit gekommen, daß man faſt an Niemand, was er ſei, ob Chriſt, Türke, Jude oder Heide, anders erkennen kann, als aus der äußern Körpererſcheinung oder daraus, daß er dieſe oder jene Kirche beſucht, oder endlich, daß er dieſer oder jener Meinung zugethan iſt, und auf die Worte irgend eines Meiſters zu ſchwören pflegt. Im Uebrigen iſt der Lebenswandel Aller der nämliche." Spinoza beklagt es fernerhin, daß der altehrwürdige Glaube ſich zu „äußerlichem Kultus" verflacht hat, daß die Menge Gott mit leeren Schmeicheleien behelligt, anstatt ihn in Wahrheit und Selbstlosigkeit anzubeten und daß der Glaube kaum noch in etwas Anderem als in „Leichtgläubigkeit und Vorurtheilen" beruht. Welchem Literaturkenner sollte es hierbei nicht einfallen, daß gerade die **absolute Selbstlosigkeit**, die Spinoza's Wesen und damit seine Gotteserkenntniß bedingte, jenen bestrickenden Zauber auf die größesten Heroen des Geistes ausübte? Im eminentesten Sinne auf **Goethe**, der uns darüber unter Anderem folgende herrliche Aeußerung überliefert: „Was mich besonders an ihn fesselte, war die grenzenlose Uneigennützigkeit, die aus jedem Satze hervorleuchtete. Jenes wunderliche Wort (sc. des Spinoza): ‚**Wer Gott recht liebt, muß nicht verlangen, daß Gott ihn wieder liebe**', mit allen den Vordersätzen, worauf es ruht, mit allen den Folgen, die daraus entspringen, erfüllte mein ganzes Nachdenken. Uneigennützig zu sein in allem, am uneigennützigsten in Liebe und Freundschaft, war meine höchste Lust, meine Maxime, meine Ausübung, so daß jenes freche (?!) spätere Wort: ‚Wenn ich dich liebe, was geht's dich an?' mir recht aus dem Herzen gesprochen ist." (Goethe: Wahrheit und Dichtung, 14. Buch).

Doch hören wir Spinoza's fernere göttliche Threnobieen in der Vorrede seines großen Werkes: „Die Frömmigkeit, o unsterblicher Gott! und die Religion bestehen in widersinnigen Geheimnissen, und solche, welche die Vernunft geradezu verachten, und den Verstand, als von Natur verderbt, verwerfen und von sich weisen — diese werden gar, was das Schlimmste ist, für von Gott erleuchtet angesehen. Und doch, wenn sie nur einen Funken des göttlichen Lichtes hätten, würden sie nicht von so unsinnigem Hochmuth sein, sondern **Gott weiser verehren lernen** und, sowie jetzt durch Haß, sich vielmehr durch Liebe vor Andern auszeichnen; **sie würden nicht mit so feindlicher Gesinnung die Andersdenkenden verfolgen**, sondern sie vielmehr (wenn sie wirklich für das Seelenheil derselben und nicht für ihr eigenes Glück besorgt wären) bemitleiden."

Um also all derartigen Ungöttlichkeiten, dem **Aberglauben** und den **Vorurtheilen** wirksam entgegenzutreten, unternimmt Spinoza die schwere, ernste Aufgabe, „die Schrift von Neuem mit unbefangenem und freiem Geiste zu untersuchen, und nichts von ihr zu behaupten, und nichts als ihre Lehre anzuerkennen, was nicht sie selbst auf's klarste mich lehrte." Worin dieser Denker das wahre Wesen Gottes und damit aller wahrhaften Religion erschaut, das offenbart er uns ebenfalls schon in dieser Vorrede. Darnach besteht ihm das geoffenbarte Wort Gottes „in dem einfachen Begriffe von dem göttlichen, den Propheten geoffenbarten Geiste, nämlich **Gott mit ganzer Seele zu gehorchen durch Uebung der Gerechtigkeit und Liebe.**" Aus Spinoza spricht hierin derselbe Geist, wie aus **Jacobus**, einem Bruder des Heilandes. Die Lehre dieses Apostels, der so vielen Theologen mit Unrecht ein Aergerniß ist, gipfelt in dem durchaus göttlichen Satze: „Denn gleich wie der Leib ohne Geist todt ist: also auch der Glaube ohne Werke ist todt." (Ep. Jacobi 2, 26.)

Gleich das erste eigentliche Kapitel des Theologisch-Politischen Traktates, das „**von der Prophezeiung**" handelt, ist von einschneidender Wichtigkeit. Spinoza, der Großmeister der Definitionen, beginnt auch diesen Abschnitt mit Definitionen, wie folgt: „**Prophezeiung** oder Offenbarung ist die von Gott den Menschen geoffenbarte sichere Erkenntniß irgend einer Sache. — Ein **Prophet** ist derjenige, der die Offenbarungen Gottes Anderen erklärt, die eine sichere Erkenntniß göttlicher Offenbarungen nicht haben, und die also die Offenbarungen blos auf Treue und Glauben annehmen können." Jede echte, vollkommene Definition muß so beschaffen sein, daß alle wesentlichen Merkmale eines zu erklärenden Begriffes in derselben zum Ausdrucke gelangen. Diese Definitionen Spinoza's gehören jedenfalls nicht zu denjenigen, denen ein unwandelbarer Werth für alle Zeiten innewohnt, sie leiden an dem

Mangel des Lückenhaften, sie erschöpfen den zu erklärenden Begriff durchaus nicht. Das gilt besonders von der Erklärung des Begriffes „Prophet". Ich will hier nicht wiederholen, was ich bei früherer Gelegenheit über das Wesen des Propheten, des prophetischen Geistes, gesagt habe (cfr. Sonntagsbeilage der Voss. Zeitung Nr. 24, Jahrgang 1883 vom 17. Juni in meinem Aufsatze: Beethoven als religiöser Mensch), sondern nur kurz das Hauptmoment hervorheben, das hierbei zu betonen ist. Nach dieser Propheten-Definition Spinoza's müßte man jeden bedeutenden Philosophen, Theologen, überhaupt jeden großen Mann der Wissenschaft einen „Propheten" nennen. Die Hauptsache, worauf es im Prophetenthume ankommt, beruht darin, daß wir durch dasselbe stets zu erkennen haben, was nach der göttlichen Weltordnung die Hauptaufgabe der Menschengesammtheit und demzufolge auch des Individuums ist und bleibt. Darnach ist der Zweck der Weltordnung ein moralischer. Und dieser Endzweck der Weltschöpfung kommt im prophetischen Menschen auf's intensivste zum Ausdruck. Darum gehört zum Propheten ein kraftvolles, feuriges, leidenschaftliches Temperament, das ihn mitten in die Welt hineintreibt, um für die in ihm lebendig wirkende Gotteserkenntniß zu zeugen. Diese Gottesoffenbarung befiehlt ihm aber, dafür zu sorgen, daß Gerechtigkeit und Liebe in der Welt zur Herrschaft gelangen; so wird für das Reich Gottes auf Erden Sorge getragen. Daher giebt es Propheten in der religiösen, künstlerischen, politischen, wissenschaftlichen und sozialen Welt.

Spinoza scheint übrigens den Mangel der Schärfe und Deutlichkeit in jenen mitgetheilten Definitionen wohl gefühlt zu haben, wenn er im Verlaufe dieses Caput bemerkt: „Ungeachtet aber das natürliche Wissen göttlich ist, so können doch die Verbreiter desselben nicht Propheten genannt werden (damit zeigt sich aber die Hinfälligkeit dieser Definition. A. K.), denn was sie lehren, können die übrigen Menschen mit gleicher Gewißheit und Geltung, wie sie, einsehen und annehmen, und zwar nicht blos auf Treu und Glauben." Die unhaltbare Anschauung Spinoza's vom Wesen des Propheten leuchtet auch noch aus folgender Stelle desselben Kapitels hervor: „Und weil wir heutiges Tages", lehrt Spinoza, „so viel ich weiß, keine Propheten haben (?!?), so bleibt uns weiter nichts übrig, als die heiligen, uns von den Propheten hinterlassenen Bücher aufzuschlagen, jedoch mit der Vorsicht, daß wir über dergleichen Dinge nichts festsetzen, noch den Propheten selbst etwas zuschreiben, was sie nicht selber deutlich gesagt haben. Vor Allem aber ist zu bemerken, daß die Juden niemals der mittelbaren oder besonderen Ursachen gedenken, noch sich um sie kümmern, sondern immer aus Religion, Gottesfurcht oder (wie man es gemeiniglich zu nennen pflegt) aus Gottes=ergebung unmittelbar auf Gott selbst zurückgehen." Das Letztere ist richtig und schön, aber in Bezug auf die Propheten=geister ist durchaus festzuhalten, daß jede Zeit, jedes Land, jede Epoche ihre Propheten hervorbringt — freilich in dem wieder=holentlich kund gegebenen Sinne vom Wesen des Propheten. Gerade die israelitischen Propheten, in denen sich der Gottesgeist wie nirgend wo anders so mächtig erwies, beweisen ein für alle=mal, daß es die Sache der Propheten ist, ihr Märtyrerthum für die sittlich=religiöse Weltordnung zu tragen. Und weil es immer Kakodämonen giebt, welche diese Gottesordnung zum Wanken bringen, müssen stets wieder prophetische Agathodämonen auftreten, um die zerrüttete Weltordnung wieder herzustellen. Jeder Prophet ist wie ein Hamlet auf den Plan berufen und muß mit diesem aufstöhnend anerkennen:

„Die Zeit ist aus den Fugen: Schmach und Gram
Daß ich zur Welt, sie einzurichten kam!" (I. Akt, 5. Scene).
Erst wenn die Welt einmal dahin gelangen sollte, in Wahrheit ihr Paradies, ihr Himmelreich auf Erden zu besitzen: werden prophetische Leidensfürsten nicht mehr vonnöthen sein. Aber da es bis dahin noch gute Wege hat, wird sich die sündhafte para=diesesbare Welt noch lange auf die Prophetenerscheinungen vor=

zubereiten haben und im steten Gegensatze zu Spinoza finden: siehe, wir haben heutigen Tages wieder Propheten! Spinoza gerade beweist, daß man ein philosophisches Genie ersten Ranges sein, daß man unvergleichlich herrliche und neue Ideen über Gott und die Menschen offenbaren kann, ohne doch zu den besonders geweihten göttlichen Prophetennaturen zu gehören. — Ernst Renan zieht in seinem genialen Buche „Das Leben Jesu" einmal eine kurze Parallele zwischen Jesus und Spinoza; auch ihm drängt sich die Frage auf, weshalb ein Spinoza, der wie Jesus die inkarnierte Selbstlosigkeit war, doch keine Mission von der Art des Erlösers erfüllt habe, und glaubt die Ursache darin zu finden, daß es Spinoza's Grundwesen nicht entsprach, sich unter das Volk zu begeben und für seine Lehre persönlich zu streiten.[2]) Darin liegt aber eben der Unterschied zwischen dem genialen Forscher und dem genialen Propheten. Letzterer erglüht zu sehr für das Wohl der leidenden Menschheit, als daß es ihm genugsam wäre, Theorien aufzustellen, die er nicht sofort durch sein eigenes Beispiel in lebensvollste Realität umsetzte. Der Prophet kann nicht anders, als mit der ganzen Feuerkraft seiner Persönlichkeit für seine Ideen einzutreten, während der Philosoph, der Gelehrte sein System ausarbeitet und sich in Ruhe sagt, Jahrhunderte werden daran zu nagen und zu zerren haben, aber ich bleibe für mich in meiner olympischen Zurückgezogenheit. Liebe und Liebe ist ein Unterschied; die Liebe des echten Propheten zur Menschheit ist von allerglühendster, leidenschaftlichster, rücksichtslosester Art. Wenn also Heinrich Heine als berufener Apologet des göttlichen Spinoza u. A. bemerkt: „Es ist ein gewisser Hauch in den Schriften des Spinoza, der unerklärlich. Man wird angeweht wie von den Lüften der Zukunft. Der Geist der hebräischen Propheten ruhte vielleicht noch auf ihrem späten Enkel" (Ueber Deutschland. Zweites Buch: Von Luther bis Kant) — so wird man das mit Ausschluß des Prophetischen wohl gelten lassen. Der leidenschaftliche Prophetengeist war nicht in Spinoza, wohl aber der göttliche religionsphilosophische Geist der alttestamentlichen Schriftsteller, eines Hiob, eines weisen Salomo (Koheleth) und Anderer. Wäre Spinoza ein Prophet gewesen, dann würde auch seine Definition des Prophetenbegriffes anders ausgefallen sein. — Indem ich nun fortfahre, muß ich noch ausdrücklich bemerken, daß es mir mit dieser Arbeit weniger darauf ankommt, die ebenso interessante als eigenthümliche Art vorzuführen, mit der Spinoza sich und der Welt das Wesen der Schrift-Offenbarung veranschaulicht, sondern vornehmlich und fast allein die Summe seiner Ansicht über die Persönlichkeiten Mosis und Jesu, und demzufolge Spinoza's Werthschätzung des Mosaismus einerseits und des Christismus andrerseits hervorzuheben. Es sei nur nebenbei bemerkt, daß man mit Strauß, Auerbach und Anderen Spinoza mit voller Entschiedenheit als den „Vater der Bibelkritik" anzusehen hat.

Dieses erste Kapitel des „theologisch-politischen Traktates" von der Prophezeiung enthält nun über Christus und Moses folgende denkwürdige Stelle: „Ich glaube deswegen nicht, daß irgend ein Anderer zu einem so hohen Grade der Vollkommenheit vor Andern gelangt sei, außer Christus, dem die Rathschlüsse Gottes, welche die Menschen zur Seligkeit leiten, ohne Worte oder Gesichte, sondern unmittelbar geoffenbart worden sind, so daß Gott durch den Geist Christi sich den Aposteln geoffenbart hat, wie ehemals dem Moses durch eine Stimme aus der Luft. Und deshalb kann die Stimme Christi, wie jene, die Moses hörte, Gottes Stimme genannt werden. Und in diesem Sinne können wir auch sagen, die Weisheit Gottes, das heißt, die Weisheit, welche die menschliche übersteigt, habe in Christo die menschliche Natur angenommen und Christus sei der Weg des Heils gewesen." Was ich hieraus und aus noch anderen anzuführenden Aussprüchen des großen Denkers mit inniger Freude begrüße und anerkenne ist die wunderbare Verherrlichung Christi, also das durchaus Wesentliche. Im

Uebrigen läßt sich nicht verhehlen, daß Spinoza's Religions-Metaphysik für unsere Gegenwart einen wunderlichen mystischen Beisatz hat, mit dem wir heute nicht viel anzufangen wissen werden; wir erkennen daraus, daß auch ein Spinoza dem erstaunlichen Mysticismus seiner Zeit seinen Tribut lassen mußte. Mystisch, unfaßbar ist namentlich das Folgende: „Ich behaupte also, daß außer Christus Niemand der Offenbarungen Gottes anders als mit Hülfe der Einbildungskraft, nämlich mit Hülfe von Worten oder Bildern erhalten habe, und daß also zum Prophezeien keineswegs eine vollkommenere Seele, sondern nur eine lebhaftere Einbildungskraft nöthig sei (??!), wie ich in dem folgenden Kapitel deutlicher zeigen werde." Und wenn Spinoza fernerhin sagt: „Hier ist aber nöthig zu erinnern, daß ich durchaus nicht davon rede, was einige Kirchen von Christus lehren, und daß ich es ebensowenig leugne; denn ich gestehe gern, daß ich es nicht verstehe. Was ich soeben behauptet habe, schließe ich aus der Schrift selber": — so muß ich seinem Geiste gegenüber bemerken, daß es mir mit manchen seiner Mysticismen so ergeht wie mit denjenigen der orthodoxen Kirchen; hier wie dort erschaue ich einen weisheitsvollen Kern, ohne daß er uns Gegenwärtigen ein volles Genüge gewährt. Auch ich habe mit viel Mühe und Geistesanstrengung die gesammte heilige Schrift wiederholentlich — von A bis Ω — durchstudiert, gelangte aber aus dem Schriftgeiste heraus doch zu anderen Resultaten, die ihrer Quintessenz nach in meiner Schrift „Was uns in der Religion Noth thut" enthalten sind. Ich habe darin u. A. (S. 2 ff.) folgende These aufgestellt und zu beweisen unternommen: „Sowohl aus dem Gesammtgeiste der Heiligen Schrift wie aus dem daraus hervorgeflossenen religiösen Leben ergiebt sich dieser Lehrsatz: **Jesus und Christus sind nicht ein und dasselbe;** sie sind mit nichten ganz identische Wesenheiten, sie decken sich nicht vollständig — **Christus ist mehr als Jesus.**" Ich finde denselben Christus, Christ-Geist, Gottesgeist Jehova's ebenso in

Moses, wie in den Propheten und in der höchsten Prophetenerscheinung Jesus; nur der Potenz nach verschieden.

Spinoza behauptet ferner: „Denn ich habe nirgends gelesen, daß Gott Christus erschienen sei, oder mit ihm geredet habe, sondern daß Gott sich durch Christus den Aposteln geoffenbart habe, daß er der Weg des Heiles sei, und endlich, daß das alte Gesetz durch einen Engel, nicht aber von Gott unmittelbar gegeben worden sei ꝛc. Wenn also Moses mit Gott von Angesicht zu Angesicht, wie ein Mann mit Seinesgleichen zu thun pflegt (d. h. mittelst der beiden Körper geredet hat), so hat Christus mit Gott von Geist zu Geist verkehrt." Hieraus wird offenkundig, daß sich Spinoza durch die bildliche Ausdrucksweise des Alten Testaments, die oft eine wesentlich andere, als diejenige des Neuen Testaments ist, zu der Ansicht verleiten ließ, als wäre die dem Propheten Moses zu Theil gewordene Gottesoffenbarung auf anderem Wege geschehen, als die dem Ideal-Propheten Jesus gewordene Erleuchtung. Ich werde gleich durch die Schrift selbst bezeugen können, daß Spinoza den Schriftgeist hierin doch nicht mit genügender Klarheit angeschaut hat. Ich halte noch heute dafür, was S. 3 meiner angeführten Schrift zu lesen ist: Christus ist nichts Anderes als der Heilige Geist selbst — also ein ewig schöpferisches Geisteswesen. Dieser unendliche Christ-Geist (Christus), der also mehr ist als die erhabenste endliche Persönlichkeit Jesus, war sowohl in Noah, als auch in Abraham, er war besonders mächtig und herrlich in Mose, dem Manne nach dem Herzen Gottes, — dieser selbige Christus (messianischer Geist) war in Jesajas, wie in allen Propheten, im Könige David und den anderen heiligen Psalmensängern. Eben dieser Gottesgeist (Christus) war auch in dem erleuchtesten Heiden Sokrates, wie in vielen anderen Menschen aus Hellas und anderen Heidenvölkern, wie denn der Geist Jehova's (das ist der Heilige Geist) allüberall war, ist und sein wird; aber eben dieser Christus (der Heilige Geist Gottes) war am vollkommensten in Jesus, weshalb dieser Herrlichste der Herrlichen auch der Christ (Christus) kat'. exochén (κατ' ἐξοχὴν) genannt wird.

Diese Anschauung wird besonders durch die folgenden Paulinischen Worte unterstützt (I. Epistel an die Korinther, Kap. 10, 1—4): „Ich will euch aber, lieben Brüder, nicht verhalten, daß unsere Väter sind alle unter der Wolke gewesen, und sind alle durch das Meer gegangen"; „Und sind alle auf³) Mose getauft mit der Wolke und mit dem Meer"; „Und haben alle einerlei geistliche Speise gegessen"; „Und haben alle einerlei geistlichen Trank getrunken; sie tranken aber von dem geistlichen Fels, der mit folgte, welcher war Christus." (ἡ πέτρα δὲ ἦν ὁ Χριστός). — Hier kann unter „Christus" doch offenbar nur der Heilige (messianische, Christ-) Geist, nicht die Persönlichkeit Jesus verstanden werden. Es muß also festgehalten werden, daß sich die Offenbarungen Gottes zu allen Zeiten vom ersten Anbeginn des Menschenthums bis in unsere Zeit hinein auf ein und dieselbige Weise bewerkstelligen, d. h. durch das Innere, Geistige, Seelische des Menschen.

II.

Das zweite Kapitel des „Theologisch-politischen Traktates" spricht von den Propheten. — Da auch unsere Zeit viel und gern von Propheten und Prophetismus und ähnlichen Begriffen spricht, ist diese Abhandlung des Spinoza'schen Werkes sowohl in seinen reichen Vorzügen als auch in seinen nicht zu verkennenden Schattenseiten der Beherzigung wohl anzuempfehlen. Erstaunenswerth ist die Fülle von Material, die Spinoza aus dem Alten und Neuen Testament herbeizieht, um darzuthun, daß die Propheten der Bibel so überaus mannigfach geartet wären, und daß sie Temperament und Einbildungskraft zu so grundverschiedener Erkenntniß vom Wesen der Gottheit geführt hätte, daß sie in rein spekulativen Dingen wenig Allgemeingültiges zu lehren befähigt wären und dergl. mehr. Vielleicht läßt sich aus keinem Abschnitte des gesammten Spinoza-Werkes deutlicher als aus diesem herauslesen, wie gefährlich es ist, mit einer unklaren, unhaltbaren Definition zu operieren, zu was für wunderlichen und selbst ungeheuerlichen, contradiktorischen Resultaten man auf diese Weise gelangen muß. Kann man demnach nicht vorsichtig genug bei der Aufstellung von Definitionen sein, so bleibt dem Menschengeiste doch hinsichtlich dieser wesentlichen Seite seiner Thätigkeit immer der Trost, daß sich die Definitionen wichtiger Begriffe mit der Entwickelung des Menschengeistes überhaupt entwickeln und umwandeln; vielleicht ist es ganz unmöglich, einen Begriff so absolut zu definieren, daß eine für alle Zeiten mustergültige Begriffserklärung überliefert wird. Die Schattenseiten dieses Abschnittes des Theologisch-Politischen Traktates liegen ganz allein in der Unzulänglichkeit des Begriffes vom Wesen des Propheten. Das soll nun an einigen Gedanken dieses Kapitels des Näheren erläutert werden.

Dieses Kapitel beginnt also: „Aus dem vorigen Kapitel folgt, wie wir schon bemerkt haben, daß die Propheten nicht mit einem vollkommneren Geiste (Seele), wohl aber mit einer lebhafteren Einbildungskraft begabt gewesen seien, was auch die Erzählungen der Schrift zur Genüge lehren. Denn von Salomo ist bekannt, daß er zwar durch Weisheit, aber nicht durch prophetische Gabe sich vor Andern ausgezeichnet habe." Und weiter unten heißt es über denselben weisen Salomo: „denn Salomo, Jesajas, Josua waren, obgleich sie Propheten waren, dennoch Menschen, und man muß glauben, daß ihnen nichts Menschliches fremd gewesen sei." So ist also unserm Philosophen in ein und demselben Kapitel König Salomo der Weise ein Prophet und auch kein Prophet. Etwas derartiges hätte dem Meister nicht widerfahren können, wenn er das Grundmerkmal aller wirklich prophetischen Geister mit Klarheit erkannt hätte. Ein Prophet ist ohne sittlich reine Seele undenkbar. Die sittliche Größe, ihre Charakter-

ſtärke iſt ihr gemeinſames Kennzeichen. Was nützt uns alle Ge=
dankenweisheit, wenn der Menſch nicht die Kraft und Fähigkeit
beſitzt, den weiſen Gedanken auch im Leben zu bewähren, ſtets
auszuführen und mit heiligem Liebeseifer dafür einzutreten. Man
bewundert und lobt philoſophiſche Gedanken, den Träger und Er=
zeuger derſelben, aber man begeiſtert ſich nicht liebevoll für die=
ſelben. Das erkennt das Weltganze, wie es ſich in der Menſchen=
geſammtheit wiederſpiegelt, daß ſelbſtloſes, gerechtes, ſittlich ſtrenges
Handeln die Hauptſache in der Welt bleibt. Und weil die pro=
phetiſchen Menſchen darin Hohes, Ehrwürdiges leiſten, ſind ſie
die wahren Auserwählten Gottes zu allen Zeiten und unter allen
Völkern. Je mächtiger ein ſo gearteter Menſch für die ewigen
Güter der Menſchheit erglüht, deſto tiefer ſchaut er vermöge dieſer
Eigenſchaften in das wahre Weſen der Gottheit und predigt die
rechte Erkenntniß deſſelben. — Spinoza ahnt indeſſen etwas vom
wirklichen, allgemeingültigen Weſen des Propheten, wie aus fol=
gender Stelle deſſelben Kapitels hervorgeht: „Die ganze prophe=
tiſche Gewißheit gründete ſich alſo auf dieſe drei Dinge: 1) darauf,
daß ſich die Propheten die geoffenbarten Dinge ſo höchſt lebendig,
wie wir wachend von wirklichen Gegenſtänden affizirt zu werden
pflegen, in der Einbildungskraft vorſtellen. 2) Darauf, daß ſie
ein Zeichen hatten. 3) Endlich und hauptſächlich, weil ihr Ge=
müth allein zum Gerechten und Guten geneigt war.
Und obgleich die Schrift des Zeichens nicht immer erwähnt, ſo
muß man doch glauben, daß die Propheten beſtändig ein Zeichen
hatten." Hier in Punkt 3 iſt einzig und allein eine Andeutung
derjenigen Eigenthümlichkeit dargeboten, die jeden Propheten
auszeichnet. Von dieſem entſcheidenden Merkmal iſt aber ſonſt
keine Rede, ebenſowenig in der früher mitgetheilten Definition
unſeres Denkers. Aber eben um dieſer Eigenſchaft willen: Er=
fülltſein vom heiligen Feuer der Gerechtigkeit und Himmelsliebe
— ſind die echten Propheten zu allen Zeiten die wahren Stell=
vertreter Gottes auf Erden geweſen und werden es auch in Zu=

kunft sein, damit durch sie das wirkliche Gottesreich auf Erden begründet, gefestigt und vollendet wird. Hält man daran fest, dann erkennt man ohne Weiteres das zum großen Theil ganz Hinfällige der folgenden Gedanken des Spinoza: „So war auch die Offenbarung selber, wie wir bereits gesagt haben, in jedem Propheten, je nach Beschaffenheit seines physischen Temperaments, seiner Einbildungskraft und seiner vorher angenommenen Meinungen, verschieden. Nach Maßgabe des Temperaments war sie nämlich auf folgende Weise verschieden: war der Prophet heiter, so wurden ihm Siege, Friede und was sonst die Menschen zur Freude bewegt, geoffenbart. Denn solche Menschen pflegen dergleichen Dinge auch öfter in ihrer Einbildungskraft sich vorzustellen. War hingegen der Prophet traurig, so wurden ihm Kriege, Strafgerichte und alles Unglück offenbart; und so, je nachdem der Prophet mitleidig, freundlich, zornig, ernst u. s. w. war, war er auch mehr zu diesen als zu jenen Offenbarungen geeignet." Dagegen ist gar viel zu vermerken. Das körperliche Temperament, die mehr oder weniger lebhafte Imagination des Prophetengeistes ist, sobald es sich um das Wesentliche, das Primäre — das ist, für die sittliche Gottesordnung in der Welt einzutreten — handelt, durchaus irrelevant. Spinoza übersieht in diesem hochernsten Problem über lauter sekundären, äußerlichen Dingen gar zu häufig das Grundwesen des Prophetismus. Dem oft betonten Grundwesen nach sind alle Prophetennaturen von gleicher Gottesart, — nicht qualitativ, nur quantitativ von einander verschieden. Der prophetische Mensch, der da trauert, zornig, hart oder strenge ist, zeigt all diese Affekte doch wahrlich nicht um seinetwillen, sondern um des Volksganzen oder gar um des Weltganzen willen, das sein Weltherz beseelt. Ein Prophet leidet und freut sich — und das ist sein gottbegnadigtes Vorrecht vor gewöhnlichen Menschenkindern — vorwiegend objektiv, nicht subjektiv um seines persönlichen Ichs willen. Im Hinblick auf das Allgemeine ordnet er seine eigene Persönlichkeit so völlig unter, daß er jeden Augenblick bereit erscheint, dieselbe für das Wohl des Ganzen, das ihn allein beseelt, hinzugeben. Wenn ein solcher Geist Strafgerichte verheißt, dann thut er es aus der absolut richtigen seherischen Erkenntniß, daß sich die Menschen, die im Unrecht, in der Sündhaftigkeit verharren, durch ihre anhaltende Schuld das Unheil heraufbeschwören müssen — und das ist dann in der prophetischen Ausdrucksweise ein Strafgericht Gottes. Also nichts für sich, Alles im Hinblick auf's Ganze: das ist die Devise, das gottgeweihte Heilspanier des wahren Propheten. Wer abgesehen von diesem gemeinsamen Grundzuge aller echten Propheten (der falsche Prophet zeigt sich darin, daß er lebhafte Phantasie, überhaupt glanzvolle Geistesgaben mit einem schlechten egoistischen Herzen verbindet) die verschiedenartigen Prophetieen prüft, darf wohl behaupten, daß sie ihre Gottesoffenbarungen sowohl in verschiedenartiger Form als auch mit verschiedenartiger Geistesfähigkeit verkünden. Daher giebt es größere und kleinere Propheten, — so in Israel und so in nachchristlichen Zeiten und Völkern. Von diesem Standpunkte aus — also von mehr äußerlichem Gesichtspunkte — sind diese Sätze Spinoza's im Großen und Ganzen als richtig anzuerkennen, nämlich: „Wenn man dies Alles recht erwägt, so wird sich leicht zeigen, daß Gott keinen eigenen Stil im Reden habe, sondern daß er je nach der Gelehrsamkeit und Fassungskraft des Propheten, geschmackvoll, bündig, hart, roh, weitschweifig und dunkel sei." Ferner: „Jesajas sah Gott angethan mit Kleidern und auf einem königlichen Throne sitzend; Ezechiel aber in Gestalt eines Feuers. Beide haben ohne Zweifel Gott gesehen, wie sie sich ihn in der Phantasie vorzustellen pflegten." — Ferner: „Man sieht also leicht, daß sie nicht sowohl wegen der Erhabenheit und Vortrefflichkeit ihres Geistes, als wegen ihrer Frömmigkeit und ihres standhaften Gemüthes gepriesen und so sehr empfohlen werden." (Welch' ein offenbarer Widerspruch liegt hierin zu anderen Ideen über dasselbe Objekt, namentlich zu der oben mitgetheilten Spinoza'schen Definition vom Wesen des Propheten! K.). — Im Uebrigen geht aus vielen Stellen dieses Abschnittes deutlich hervor, daß einem Spinoza ebensowenig wie so vielen Theologen und Philosophen nach ihm die Idee aufgegangen war, daß sich die Erkenntniß von Gott in dem einzelnen Individuum ebenso genetisch entwickelt, wie in ganzen Völkern, also ebenso auch im auserwählten Volke der Heiligen Schrift. So nur ist bei Spinoza der oft starke Tadel gegen die Israeliten zur Zeit Mosis und gegen die Gotteserkenntniß der Propheten zu begreifen. Wenn im Gegensatze dazu Spinoza meint: „Und es ist im Alten Testamente Keiner, der vernunftgemäßer von Gott gesprochen hätte als Salomo, der an natürlichem Lichte alle seine Zeitgenossen übertraf" — so ist es wiederum ein schlagender Beweis, daß die Gottestiefe des wahren Propheten vor Spinoza verborgen geblieben ist. Ich gebe zum Beispiel für den königlichen Propheten Jesajah gern und willig hundert Salomo's preis. Muß nicht Spinoza selbst unumwunden bekennen: „— ja er (sc. Salomo) übertraf sie (sc. die den König betreffenden Gesetze) gänzlich — worin er jedoch fehlte und eines Philosophen unwürdig handelte, indem er nämlich den Sinnenlüsten fröhnte!" Und dieser Salomo soll der geistige Höhepunkt des Alten Testaments sein? Nimmermehr. Salomo war ein Muster von Weltklugheit und Verstandesschärfe, war auch vortrefflicher Dichter, ausgezeichneter philosophischer Schriftsteller: aber das eigentlich beseligende Gottesgeheimniß ist ihm ewig fremd geblieben: das beweisen viele Phasen seines Lebenswandels. Gute, weise Lehren zu ertheilen, ist schön und lobenswerth: aber unendlich erhabener und preiswürdiger, durch ein großes Lebensbeispiel voranzuleuchten. Hören wir doch einmal, wie sich ein genialer Philosoph der Neuzeit darüber ausspricht. Es ist Arthur Schopenhauer, der uns in seinen „Grundproblemen der Ethik" (S. 270) folgendes überaus herrliche Wort hinterlassen hat: „Demnach träfe die praktische Weisheit, das Rechtthun und Wohlthun, im Resultat genau zusammen mit der tiefsten Lehre der am weitesten gelangten theoretischen Weisheit; und der praktische Philosoph, d. h. der Gerechte, der Wohlthätige, der Edelmüthige spräche durch die That nur dieselbe Erkenntniß aus, welche das Ergebniß des größten Tiefsinns und der mühseligsten Forschung des theoretischen Philosophen ist. Indessen steht die moralische Trefflichkeit höher denn alle theoretische Weisheit, als welche immer nur Stückwerk ist und auf dem langsamen Wege der Schlüsse zu dem Ziele gelangt, welches jene mit einem Schlage erreicht, und der moralisch Edle, wenn ihm auch noch so sehr die intellektuelle Trefflichkeit abgeht, legt durch sein Handeln die tiefste Erkenntniß, die höchste Weisheit an den Tag, und beschämt den Genialsten und Gelehrtesten, wenn dieser durch sein Thun verräth, daß jene große Wahrheit ihm doch im Herzen fremd geblieben ist."

Ich will nun noch im Anschluß an dieses den Propheten gewidmete Kapitel Spinoza's an einem Prophetenbeispiel der Heiligen Schrift klar machen, wie das scheinbar Widerspruchsvolle der Gottesoffenbarungen ein und desselbigen Propheten dennoch der entschiedene Ausfluß einer höheren harmonischen Einheit ist. Ich greife einen der 12 kleineren hebräischen Propheten heraus, den Nahum, der c. 720 unter der Regierung des berühmten Königs Hiskias wirkte. Dies ganze „Buch der Weissagung Nahums von Elkos" umfaßt in der Heiligen Schrift nur 3 wenig umfangreiche Kapitel. Der Prophet Nahum verkündet unter Anderem folgende Gottesoffenbarungen: (Kap. 1, Vers 2) „Jehovah ist ein eifriger Gott und ein Rächer, ja ein Rächer ist Jehovah und zornig; Jehovah ist ein Rächer an seinen Widersachern, und der es seinen Feinden nicht vergessen wird." Dagegen Vers 3: „Jehovah ist geduldig (langmüthig) und von großer Kraft, vor welchem Niemand unschuldig ist: er ist Jehovah, deß Weg in Wetter und Sturm ist, und Gewölke der Staub unter seinen Füßen." Und noch Vers 7 desselben Kap.: „Jehovah ist gütig, und eine Veste zur Zeit der Noth; und kennet die, so auf ihn trauen." So ist nun Gott der HErr, Jehovah Zebaoth, so zu sagen in einem Athem, ein eifriger, ein zorniger, ein langmüthiger, gütiger und kräftiger Gott. Und ist doch alles voll von harmonischer Himmelsklarheit, ohne jeglichen Widerspruch, widerstreitet auch nimmermehr dem uns gelehrten Gotte als liebendem Vater, dem höchsten Ausdrucke „Gott ist die Liebe" (I. Epistel Johannis 4, 16). Das Bild vom liebenden Vater ist auch vortrefflich geeignet, uns diese Liebesharmonie in Gott erkennen zu lassen. So wie ein liebender Vater aus Liebe, in ernsthaftester, heiligster Selbstlosigkeit zu Zeiten gegen seine Kinder zürnend, strafend, eifernd auftreten muß, um sie zu bessern, also nicht um seiner selbst willen, sondern wegen des echten Wohles der ihm geschenkten Sprößlinge: so liebt Gott alle Menschenkinder in väterlichem Geiste, sie liebend und — wenn es ihrer Seelenbesserung angemessen ist — sie bedrohend und bestrafend. Und so ist denn die Gottheit in Wahrheit alles das in Einem, was der Prophet Nahum von deren Wesen offenbart. Die Liebe bildet die harmonische Einheit in all diesen sich scheinbar widersprechenden Attributen Jehovah's. — Und ein Gleiches läßt sich aus fast allen Propheten der Heiligen Schrift erkennen, besonders in ihren Prophetieen über Gott. Die Kirche, die Theologie erkennt es so an und lehrt es so — und eine unbefangene, aufrichtige Philosophie wird zugeben müssen, daß sie in diesen Dingen das Richtige begriffen hat. Nur der bare blöde Unverstand kann behaupten, daß das Alte Testament nur den Gott der Rache kennt und nichts vom Gotte der Liebe und der Gnade weiß. Christus ist vielmehr die Summe, die Quintessenz, die Erfüllung der gesammten Gottesoffenbarungen des Prophetismus. So spricht Johann Georg Hamann, der hellerleuchtete „Magus des Nordens" in seinen „Sibyllinischen Blättern": „Die Weissagung der Heiligen Schrift ist von keiner einzigen oder menschlichen Auslegung. Es sind nicht Abrahams Werke und Moses Wunder und Israels Geschichte der Inhalt dieses Buches; es betrifft keine einzelnen Menschen, keine einzelnen Völker, ja nicht einmal die Erde allein, sondern Alles ist ein Vorbild höherer, allgemeiner, himmlischer Dinge. Wenn Moses den Willen gehabt hätte, auf seinen eigenen Antrieb zu schreiben, so dürften wir vielleicht nichts, als eine Sammlung von Urkunden und einzelnen Nachrichten von ihm erwarten. Es ist nicht Moses, nicht Esajas, die ihre Gedanken und die Begebenheiten ihrer Zeit in der Absicht irdischer Schriftsteller oder Bücherschreiber der Nachwelt oder ihrem Volke hinterlassen haben. Es ist der Geist Gottes, der durch den Mund und den Griffel dieser heiligen Männer sich offenbarte; der Geist, der über die Wasser der ungebildeten jungen Erde schwebte, der Marien überschattete, daß von ihr das Heiligste geboren werde, der Geist, der die Tiefen der Gottheit allein zu erforschen vermag. Mit wie viel Ehrfurcht soll uns dies bewegen, das göttliche Wort zu lesen und zu genießen." Staunen und Bewunderung muß immer wieder der majestätische Gedankengang dieses prophetisch begeisterten Mannes erwecken. (cf. „Was uns in der Religion Noth thut" S. 43.)

III.

Für die uns gegenwärtig interessierende Frage ist das dritte Kapitel des Theologisch-Politischen Traktats von hauptsächlichster Bedeutung. Dasselbe spricht „von der Berufung der Hebräer, und ob die prophetische Gabe den Hebräern allein eigen gewesen sei." Erschauen wir gerade hierin den sittlich stolzen, vornehmen Denker aus vielen unvergleichlich erhabenen Gedanken auf der Höhe seiner Alles ausgleichenden, mit gleicher Liebeskraft umspannenden objektiven Herrlichkeit, so muß andrerseits mit großem Bedauern und Leidwesen ausgesprochen werden, daß sich hierin eine gewisse Befangenheit in der Beurtheilung der alt-hebräischen Schriftsteller und der zeitgenössischen

Bekenner des Mosaismus bemerkbar macht. Aber der Born der Wahrheit fließt reichlich darin; derselbe wird zuweilen nur in etwas rauher Schale dargeboten. Freilich hatte der große, unsterbliche Spinoza persönlich gar zu üble Erfahrungen am Volke Israel machen müssen, aus dem er hervorgegangen ist.

Enthielte indessen dieses Kapitel nur die ersten zwei Sätze, dann würde ihm schon um dieser Gedanken willen eine ewige Bedeutung zuerkannt werden müssen. Gerade unsere Zeit mit ihrem Racen=Wahnsinn sollte sich diese Sätze besonders merken, jeder wohlwollend Denkende sollte sie sich mit goldenen Lettern aufschreiben und völlig auswendig lernen. So spricht Spinoza: „**Das wahre Glück und die wahre Seligkeit eines Jeglichen besteht allein in dem Genusse des Guten, nicht aber in dem Ruhme, daß nur er allein, mit Ausschließung der Uebrigen, des Guten genieße. Denn wer sich deshalb für glückseliger hält, weil es ihm allein, den Uebrigen aber nicht ebenso wohl ergehe, oder weil er glückseliger und beglückter sei, als die Uebrigen, der kennt das wahre Glück und die wahre Glückseligkeit nicht, und die Lust, die er davon gewinnt, entspringt, wenn sie nicht eine kindische ist, aus Neid und bösem Gemüthe.**"

Die Verblendung und Sündhaftigkeit keiner Zeit, keiner Epoche wird durch dieses große, richtende Weltwort so mitten ins Herz hinein getroffen wie diejenige unserer ureigensten Tage. Es ist wahr, die Idee des Auserwähltseins ist von keinem Volke so genährt und getragen worden, als vom Volke Israel. In der vorchristlichen Zeit war es neben Israel das Volk von Hellas, welches sich allein für edel, groß, menschenwürdig hielt, und auf alle anderen Völker, als auf die Barbaren (d. h. zunächst nur die Nicht=Hellenen, die Fremdländischen) mit stolzer, souveräner Verachtung herniederblickte. Und gleichsam zur Sühne für diese anhaltende Selbstgefälligkeit erstand in Hellas ein Sokrates, der zuerst berufen war, aus vollstem Herzen zu verkünden, daß er sich als einen Bürger des ganzen Erdenrunds fühle, — und viel später in Palästina ein Jesus von Nazareth, dessen liebebedürftendes Herz für die ganze einige Menschheit mit Inbrunst erglühte. So hat der Nationalegoismus in Griechenland das Opferlamm Sokrates und in Israel das weit mächtigere Opferlamm Jesus zur Blüthe und zum Tode gebracht. Spinoza reiht sich — das muß gerade gegenwärtig immer wieder hervorgehoben werden — würdig diesem im erhabensten Sinne kosmopolitischen Genienbunde an. So betrachten es bereits die verschiedenartigsten Autoren. Erneste Renan drückt diesen tragischen Weltkummer also aus: „Les plus grands hommes d'une nation sont ceux qu'elle met à mort. Socrate a fait la gloire d'Athènes, qui n'a pas jugé pouvoir vivre avec lui. Spinoza est le plus grand des juifs modernes, et la synagogue l'a exclu avec ignominie. Jésus a été la gloire du peuple d'Israël, qui la crucifié." (Vie de Jésus, IX. édition p. 35.) Und Heinrich Heine bemerkt in seiner bereits erwähnten Schrift über Deutschland: „Konstatiert ist es, daß der Lebenswandel des Spinoza frei von jedem Tadel war, und rein und makellos wie das Leben seines göttlichen Vetters, Jesu Christi. Auch wie dieser litt er für seine Lehre, wie dieser trug er die Dornenkrone. Ueberall wo ein großer Geist seinen Gedanken ausspricht, ist Golgatha."

Dagegen muß denn freilich auch nicht vergessen werden, daß diese Völkerschaften solche Hochgeister nicht hervorgebracht haben könnten, wenn in ihnen nicht jener Zug geistiger Aristokratie gepflegt worden wäre. Uns Nachgebornen kommt es zu, den richtigen Nutzen für unser Heil aus dem Lebensgange und den Lehren solcher Geister zu schöpfen. Die Idee des Auserwähltseins ist allein im Volke Israel zum religiösen Dogma erhoben worden. Die Bekenner Mosis, als religiöse Genossenschaft genommen, halten sich noch heutzutage für das auserwählte Volk

Gottes und vergessen es in ihren Gebeten nimmermehr, Gott dafür zu danken, ihn zu loben und zu preisen, daß er sie „vor allen Völkern auserwählt habe". Abgesehen nun davon, daß dieses Dogma nicht ohne Wahrheitskern ist, müssen doch auch alle Christen, überhaupt alle Nichtmosaischen zugeben, daß das Volk Israel gerade um dieser Idee willen das Unglaublichste an Jammer, Elend, Angst und Todespein glaubensstark ertragen hat. Schon diese sich ewig wiedererzeugende historische Thatsache muß für alle nicht ganz Verblendeten das Gepräge des Versöhnenden mit jenem nicht wenig obstinaten Dogma in sich tragen und die Ansicht immer klarer werden lassen, daß ein so eigenartig construiertes Volk auch eine **eigenartige Mission** zu erfüllen hat. Auch für das gegenwärtige Israel gilt das Prophetenwort des unbekannten Autors des Ebräerbriefes: „Darum ist noch eine Ruhe vorhanden dem Volke Gottes" (Ebräer 4, 9)[*]. Die duldende, passive Heldenkraft des als Glaubensvolk auserwählten Volkes Juda hat wohl Niemand so klar und unumwunden anerkannt, wie **Gustav Freytag**, ein Schriftsteller, der im edelsten Sinne des Wortes ein **nationaler** Autor genannt zu werden verdient. In den „Bildern aus der deutschen Vergangenheit" (II. Theil, 17. und 18. Jahrhundert S. 337, Abschnitt: **Jesuiten und Juden**) spricht es Freytag aus: „Durch Waffen, Qualen, Gefängniß wurde ihnen (sc. den Juden) das Christenthum aufgedrängt, in der Regel vergebens. **Kein streitbares Volk hat heldenmüthiger roher Gewalt widerstanden, als diese Waffenlosen.** Die großartigsten Beispiele von beharrlichem Heldenmuth werden selbst von christlichen Erzählern berichtet." — Diese Worte Freytags bedeuten um so mehr, als ja männiglich bekannt ist, daß der ruhmvolle Verfasser von „Soll und Haben" für die Schattenseiten des israelitischen Volksstammes durchaus nicht blind ist.

Aber diese allgemeine Anerkennung genügt für die Gegenwart nicht. Die Gegenwart in ihrer maßgebenden Gesammtheit muß in vollster Objektivität erkennen lernen, worin die ureigene Mission Israels bestanden hat und worin sie auch jetzt noch besteht. Die specifische Aufgabe dieses Volksstammes war vermöge seiner inneren Veranlagung eine religiöse, und weil sich dieses Volk eben kraft dieses seines Grundelementes in steter Zusammengehörigkeit erhalten mußte, obwohl es längst ohne jede politische Existenz war, bleibt auch heutzutage seine Spezial-Mission eine religiöse. Diese schlechterdings objektive Wahrheit ist freilich den meisten Israeliten eben so sehr eine terra incognita wie den Genossen anderer Konfessionen. Aber daß es Allen zur vollen Klarheit werde, was das Volk Israel auch noch gegenwärtig für die Entwickelung der Menschheit zu bedeuten habe: das ist eine der allervornehmsten, brennendsten Aufgaben unserer Zeit. Unsere Zeit muß erkennen, daß die darauf bezüglichen Ideen eines Paulus einerseits dem Kerne nach dasselbe bedeuten und prophetisch bestimmen, wie andrerseits diejenigen eines Spinoza und Lessing. Wenn heute Paulus auferstünde, er müßte wiederum ausrufen: „So sage ich nun: Hat denn Gott sein Volk verstoßen? Das sei ferne! Denn ich bin auch ein Israeliter, von dem Samen Abrahams, aus dem Geschlecht Benjamins" (Römer 11, 1). Und ebenso: „Gottes Gaben und Berufung mögen ihn nicht gereuen." (Römer 11, 29.) In Dr. Martin Luther's Bibelübersetzung hat dieses 11 Kapitel der Römer-Epistel die bezeichnende Ueberschrift bekommen: „Die Erwählung ist unwandelbar[5])."

Hören wir nun auch, wie sich etwa siebzehn Jahrhunderte nach Paulus ein Gotthold Ephraim Lessing über denselben Gegenstand ausspricht. Der Herausgeber der berühmten Wolfenbütteler Fragmente (zur Geschichte und Literatur. Aus den Schätzen der Herzogl. Bibliothek zu Wolfenbüttel. Aus dem 4. Beitrage 1777. Ein Mehreres aus den Papieren des Ungenannten) sagt in seiner Erörterung über das II. Fragment („Unmöglichkeit einer Offenbarung, die alle Menschen auf eine gegründete Art glauben können) Folgendes: „Genug, wenn die höchste Weisheit und Güte bei Ertheilung der Offenbarung, die sie in jener Allgemeinheit und Allklarheit nicht gewähren konnte, nur denjenigen Weg gewählt hat, auf welchem in der kürzesten Zeit die meisten Menschen des Genusses derselben fähig wurden. Oder getraut sich jemand zu zeigen, daß dieses nicht geschehen? Daß die Offenbarung, zu einer anderen Zeit einem andern Volke in einer anderen Sprache ertheilt, mehrere Menschen in kürzerer Zeit mit den Wahrheiten und den Bewegungsgründen zur Tugend hätte ausrüsten können, deren sich jetzt die Christen als Christen rühmen dürfen?

„Wer sich dieses getraut, der nenne mir vorläufig doch nur erst ein Volk, in dessen Händen das anvertraute Pfund der Offenbarung wahrscheinlicher Weise mehr gewuchert haben würde, als in den Händen des Jüdischen. Dieses unendlich mehr verachtete als verächtliche Volk ist doch in der ganzen Geschichte schlechterdings das erste und einzige, welches sich ein Geschäft daraus gemacht, seine Religion mitzutheilen und auszubreiten. Wegen des Eifers, mit welchem die Juden dieses Geschäft betrieben, bestrafte sie schon Christus, verlachte sie schon Horaz. Alle anderen Völker waren mit ihren Religionen entweder zu geheim und zu neidisch, oder viel zu kalt gegen sie gesinnt, als daß sie für derselben Ausbreitung sich der geringsten Mühewaltung hätten unterziehen wollen. Die christlichen Völker, die den Juden in diesem Eifer hernach gefolgt sind, überkamen ihn blos, in so fern sie auf den Stamm des Judenthums gepfropft waren."

Hoffentlich genügen diese Stellen, um allen Besonnenen im Geist klar zu machen, daß die endgültige Lösung des Problems der „Judenfrage" — abgesehen von den unsterblichen, ewig fundamentalen Geistern der Heiligen Schrift — nur auf dem Grunde der betreffenden Ideen eines Spinoza und Lessing gewonnen werden kann. Gewisse herbe Aeußerungen Spinoza's über seine eigenen Stammesgenossen sind eine Schuld der israelitischen Verfolgungssucht, unter der nach Christus kein großer Mann so zu leiden hatte wie Spinoza. Auch Lessing, doch jedenfalls der berühmteste, edelste Fürstreiter für das wahre Wohl des Volkes Israel, tadelt diese Untugend desselben. So schreibt Lessing einmal an Joh. David Michaelis (October 1754) über den Philosophen Moses Menbelssohn: „Er ist wirklich ein Jude, ein Mensch von etlichen und zwanzig Jahren, welcher, ohne alle Anweisung, in Sprachen, in der Mathematik, in der Weltweisheit, in der Poesie eine große Stärke erlangt hat. Ich sehe ihn im voraus als eine Ehre seiner Nation an, wenn ihn anders seine eigenen Glaubensgenossen zur Reife kommen lassen, die allezeit ein unglücklicher Verfolgungsgeist wider Leute seines Gleichen getrieben hat. Seine Redlichkeit und sein philosophischer Geist läßt mich ihn im voraus als einen zweiten Spinoza betrachten, dem zur völligen Gleichheit mit dem erstern nichts, als seine Irrthümer fehlen werden". — Doch der sogenannte, zweite Spinoza wurde kein schöpferischer Philosoph, kein Begründer eines epochemachenden Weltsystems. Ich kehre damit zum wirklichen, echten, ersten und einzigen Spinoza zurück. Derselbe beschäftigt sich im 3. Kapitel seines theologisch-politischen Traktates eingehend mit dem Problem „was das gewesen sei, weshalb die hebräische Nation die vor den übrigen von Gott auserwählte genannt worden sei." Alles Wünschenswerthe, alles Erstrebenswerthe, meint Spinoza, läßt sich auf drei Hauptpunkte zurückführen, nämlich: „1) die Dinge nach ihren ersten Ursachen zu verstehen; 2) die Leidenschaften zu bezähmen oder die Fertigkeit zur Tugend zu erlangen; und endlich 3) sicher und mit gesundem Körper zu leben". Unser Denker findet nun, daß die hebräische Nation „nicht in Ansehung ihres Verstandes und ihrer Gemüthsruhe von Gott vor den übrigen auserwählt worden, sondern in Ansehung der Gesellschaft und des Glückes, wodurch sie die Herrschaft erlangt und dieselbe so viele

Jahre hindurch behauptet hat. Dies erhellt auch ganz deutlich aus der Schrift selbst. Denn wer sie auch nur flüchtig durchgeht, sieht deutlich, daß die Hebräer blos darin vor den anderen Nationen sich ausgezeichnet haben, daß sie alles zur Sicherheit des Lebens Gehörige glücklich durchgeführt und große Gefahren überwunden haben, und das hauptsächlich blos durch die äußere Hülfe Gottes; daß sie aber im Uebrigen gleich und Gott allen gleich gnädig gewesen sei." Dagegen ist zu betonen, daß schon der alleroberflächlichste Einblick in die Heilige Schrift Alten Testaments die Hinfälligkeit dieses Spinoza'schen Hauptarguments gegen den transcendentalen Idealismus des Gottesvolkes erkennen läßt. — Daß die alten Hebräer ebenso wie die anderen Völker um sie herum und in weiter Ferne von ihnen Lebensfreuden suchten, daß sie frei von Nahrungssorgen zu sein wünschten, kann ihnen doch wohl niemand ernsthaft verübeln. Die Genüsse des Lebens beginnen erst dann den Schein des Sündhaften auf sich zu laden, wenn sie durch unlautere Mittel erlangt sind, oder wenn sie überhaupt geeignet sind, das Heil der Seele, das Geistige im Menschen zu gefährden. Und das ist ja eben das Sonderwesen des Hebräervolkes, daß sich der Hinblick auf die Wohlgefälligkeit vor Gott bei ihnen wie ein rother Faden durch ihre ganze Entwickelung hindurchzieht, daß sie eben alles Thun, auch alle Heldenkämpfe, um einen Ausdruck Spinoza's zu gebrauchen, sub specie aeterni — unter dem Anschein des Ewigen — vollführen. Diese Eigenheit unterscheidet daher beispielsweise die epischen Helden der Heiligen Schrift ganz klar und deutlich von den epischen Helden eines Homer und anderer Dichtergeister.

Die biblischen Helden kämpfen nicht aus persönlicher Ruhmbegierde, wie andere Helden, sondern sie streiten für den Ruhm und die Herrlichkeit Gottes, sie haben also etwas durchaus Transcendentales an sich. Von da an, wo der Erzvater Abraham seinen eigenen Vater Tarah, den Götzendiener, verläßt, um dem einigen Gotte zu dienen, bleibt die Idee des Monotheismus das

Bewegende, Maßgebende im Hebräervolke, wie viele Abfälle von der Idee eines Gottes, also Rückfälle in's götzenbienerische Heidenthum auch die Heilige Schrift verzeichnen muß. Ein Ideales ist es ferner, daß alle Begebenheiten der Schrifthelben stets im Sinne göttlicher Gerechtigkeit bargestellt werden, d. h. daß jede Uebelthat ebenso ihre Strafe findet, wie die Edelthat im segensvollen Lichte erscheint. Darum sind die meisten Erzählungen der Bibel für alle Zeiten und für alle Völker typisch, mustergültig geworden. Viele besondere Zeugnisse für den auf's Innere, Geistige gerichteten Sinn der alten Hebräer abzugeben, heißt eigentlich Eulen nach Athen tragen, und nur, weil selbst so hocherleuchtete Köpfe in dieser Angelegenheit das wunderlichste Gerede zu Tage fördern, mag noch auf mancherlei hingewiesen werden. Wären die Hebräer, wie Spinoza zuweilen meint, ein lediglich den äußeren Glücksgütern nachjagendes Volk gewesen, dabei tapfer und klug, dann würden sie vielleicht, wie die Römer, die äußere Welt erobert haben, während es ihnen beschieden war, im Reiche des Gottesgeistes obenan zu stehen. Dann hätten sie auch nicht so echte, urwüchsige Poesieerzeugnisse zu Stande gebracht, also durchaus ideale Dinge, wie sich dies schon in den Büchern Mosis so glänzend offenbart. Wieviel metaphysische Parabeln, Idyllen, Hymnen, poetische Erzählungen, wieviel Spruchweisheit hat nicht schon das erste Buch Mosis aufzuweisen, geschweige denn die weiteren Bücher des Pentateuch, das Buch der Richter, Hiob mit seiner tiefsinnigen Philosophie und vieles Andere? — Schon der Sänger der Sintfluth erkennt die tiefe Weisheit: „Denn das Dichten des menschlichen Herzens ist böse von Jugend auf." (I. Mose 8, 21). Dem Erzvater Jakob entringen sich bei aller Wohlhabenheit bennoch die aus tiefstem Innern kommenden echt bemuthsvollen Worte: „Ich bin zu gering aller Barmherzigkeit und aller Treue, die Du an Deinem Knechte gethan hast." (I. Mose 32, 10). Der sterbende Jakob erschaut bereits das Reich des Messias: „Jehovah, ich warte auf Dein Heil." (I. Mose 49, 18).

Das ist doch gewiß nichts Aeußerliches, sondern etwas auf die Unsterblichkeit des Geistes Hindeutendes. — Was soll ich erst von den vielen Herrlichkeiten der Gedankenwelt Mosis sagen? Wie Vieles in politischer und religionsphilosophischer (metaphysischer) Hinsicht wäre da hervorzuheben, das heute noch vollkommen musterhaft und nacheiferungswürdig erscheinen müßte! Manch' eine moderne Regierung mit ihren Sonderinteressen, Ständepri= vilegien und Ausnahmegesetzen hat schon Moses bei Anbeginn seiner Mission gerichtet, wenn er befiehlt: Einerlei Gesetz (Lehre=Torah) sei dem Einheimischen und dem Fremdling, der unter euch wohnet." (II. Mose 12, 49). — Auch daß die heiligen Zehngebote, der Dekalog, die Grundlage unseres ganzen sittlich= socialen Lebens, der Mosaischen Offenbarung entstammt (II, 20), scheint man nach und nach ganz vergessen zu wollen. Daß die Unabhängigkeit des Charakters durch Geschenke gefährdet wird, hat auch schon Moses erkannt und warnt eindringlich: „Du sollst nicht Geschenke nehmen; denn Geschenke machen die Sehenden blind, und verkehren die Sachen der Gerechten." (II. Mose 23, 8). — Wie viele Richter mögen sich nicht im gegenwärtigen wilden Wogen der Partheien betroffen fühlen, wenn sie Mosis Wort lesen: „Ihr sollt nicht unrecht handeln am Gericht, und sollst nicht vorziehen den Geringen, noch den Großen ehren; sondern du sollst deinen Nächsten recht richten!" (III. Mose 19, 15; cf. V. Mose 1, 17: „denn das Gerichtsamt ist Gottes). — All' Diejenigen, die das Welt= heil von Israel angenommen haben und das Auserwähltsein des Vol= kes Israel nicht anerkennen wollen, müssen sich ebenso wie die Worte Pauli in seiner Römer = Epistel, so auch das weit ältere Wort eines Bileam gesagt sein lassen: „Gott ist nicht ein Mensch, daß er lüge, noch ein Menschenkind, daß ihn etwas gereue. Sollte Er etwas sagen und nicht thun? Sollte Er etwas reden und nicht halten?" (IV. Mose 23, 19). Der Verfasser des Deutero= nomiums verkündet bereits (V. Mose 6, 4—5) dasjenige Gebot, das Jesus, der Christ Gottes, das „vornehmste Gebot vor allen

Geboten" nennt: „Höre, Israel, Jehovah unser Gott, ist der einige Jehovah. Und Du sollst Jehovah, Deinen Gott, lieb haben von ganzem Herzen, von ganzer Seele, von allem Vermögen." (cf. Ev. Marci 12, 29—30; bei Matthäus 22, 30 heißt es „das vornehmste und größeste Gebot"; cf. Lucas 10, 27). — Der Verfasser des Deuteronomiums bietet aber unter Anderem auch einen ethisch-metaphysischen Gedanken von so tiefsinniger Gottesweisheit und Gnadenfülle dar, daß er in gleicher Weise unsere Bewunderung und Beobachtung wach rufen muß. Es ist dieses denkwürdige Wort: „Die Väter sollen nicht für die Kinder, noch die Kinder für die Väter sterben; sondern ein Jeglicher soll für seine Sünde sterben." (V. Mose 24, 16). Wie weit entfernt ist doch noch unsere ganze gepriesene menschliche Gesellschaft mit ihrer sogenannten Aufklärung, diese uralte Gottesweisheit in blühend reales Leben umzuwandeln! Sind wir wohl im Stande, jedes Einzelwesen um seines Unrechts willen allein verantwortlich zu machen? Macht die Gesellschaft nicht Jeden für die Schuld seines Vaters, seiner Mutter, ja seiner weiteren Ahnen, also für seine Ascendenten und Descendenten fort und fort verantwortlich? Beweist sie dadurch nicht evident, daß sie vom Wesen der göttlichen Gnade, wie sie sich in jenem goldenen Spruche kund giebt, mit nichten durchzogen ist? — Wie wichtig übrigens dieser Gnadengedanke den alttestamentlichen Schriftstellern vorgekommen sein muß, geht daraus hervor, daß er in fast gleichem Wortlaute noch zu öfteren Malen auftritt, so im II. Buch der Könige 14, 6; im II. Buche Chronica 25, 4; im Propheten Jeremias 31, 30 („ein Jeglicher wird um seiner Missethat willen sterben") und bei Hesekiel 18, 19—20.

Ein Hochgeistiges ist ferner das scharf ausgeprägte Naturgefühl bei den alten Hebräern, das mit ihrer Gottesverehrung auf's innigste verbunden ist. Hierüber hat besonders schön bereits Herder („Geist der hebräischen Poesie") gesprochen. Man könnte am Ende sagen, Herder war Geistlicher und hat diese Dinge vielleicht zu sehr mit geistlichem Auge angesehen. Mag denn also lieber ein „nüchterner" Naturforscher hierüber zu Worte kommen. Es ist kein Geringerer als Alexander von Humboldt, der sich also vernehmen läßt: „Die semitischen oder aramäischen Nationen zeigen uns in den ältesten und ehrwürdigsten Denkmälern ihrer dichterischen Gemüthsart und schaffenden Phantasie Beweise eines tiefen Naturgefühls." — „Die hebräische Dichtungsweise bietet den Bewohnern des Abendlandes bei ihrer inneren, erhabenen Größe noch den besonderen Reiz, daß sie mit den lokalen Glaubens-Erinnerungen der Anhänger von drei weitverbreiteten Religionen, der mosaischen, christlichen und mohammedanischen, vielfach verwebt ist. Durch Missionen, welche der Handelsgeist und die Eroberungssucht schifffahrender Nationen begünstigen, sind geographische Namen und Naturschilderungen des Morgenlandes, wie sie die Schriften des alten Bundes uns aufbewahrt, tief in die Wälder der Neuen Welt und in die Inseln der Südsee eingedrungen.

„Es ist ein charakteristisches Kennzeichen der Naturpoesie der Hebräer, daß, als Reflex des Monotheismus, sie stets das Ganze des Weltalls in seiner Einheit umfaßt, sowohl das Erdenleben als die leuchtenden Himmelsräume. Sie weilt seltener bei dem Einzelnen der Erscheinung, sondern erfreut sich der Anschauung großer Massen. Die Natur wird nicht geschildert als ein für sich Bestehendes, durch eigene Schönheit Verherrlichtes; dem hebräischen Sänger erscheint sie immer in Beziehung auf eine höher waltende geistige Macht. Die Natur ist ihm ein Geschaffenes, Angeordnetes, der lebendige Ausdruck der Allgegenwart Gottes in den Werken der Sinnenwelt. Deshalb ist die lyrische Dichtung der Hebräer schon ihrem Inhalte nach großartig und von feierlichem Ernst, sie ist trübe und sehnsuchtsvoll, wenn sie die irdischen Zustände der Menschheit berührt. Bemerkenswerth ist auch noch, daß diese Poesie trotz ihrer Größe, selbst im Schwunge der höchsten, durch den Zauber der Musik hervorgerufenen Begeisterung fast nie maßlos wie die indische Dichtung wird. Der reinen Anschauung des Göttlichen hingegeben, sinnbildlich in der Sprache, aber klar und einfach in dem Gedanken, gefällt sie sich in Gleichnissen, die fast rhythmisch, immer dieselben wiederkehren." ꝛc. ꝛc. (Kosmos, Entwurf einer physischen Weltbeschreibung. II. Band S. 45—47, Ausgabe 1847 Groß=Octav.)

Diese in Kürze zusammengefaßten Momente dürften vollauf genügen, um alle Meinungen Spinoza's und anderer Schriftsteller von dem nur auf äußeres Wohlergehen gerichteten Sinn der alten Hebräer ein für allemal zu entkräften.

IV.

Es muß nun noch auf weitere Einzelideen des III. Kapitels im Theologisch-politischen Traktate eingegangen werden. Spinoza behauptet des Weiteren: „Da also wahr ist, daß Gott Allen gleich gnädig, barmherzig u. s. w. ist, und da das Amt des Propheten nicht sowohl darin bestand, die eigenthümlichen vater=ländischen Gesetze als wahre Tugend zu lehren und die Menschen dazu zu ermahnen; so ist kein Zweifel, daß alle Nationen Pro=pheten gehabt haben und daß die prophetische Gabe, den Juden nicht ausschließlich eigen gewesen sei." Fernerhin: „Endlich schließt Paulus: weil Gott aller Völker Gott ist, d. h. Allen gleich gnädig ist und Alle gleich unter dem Gesetz und unter der Sünde gewesen waren, so hat Gott auch allen Völkern seinen Christus gesandt, der Alle ohne Unterschied von der Knechtschaft des Ge=setzes befreien solle, damit sie ferner nicht mehr durch das Gebot des Gesetzes, sondern durch den festen Rathschluß des Innern sitt=lich handeln möchten. Mithin lehrt Paulus genau (?!) das, was wir behaupten." Und ferner: „Es ist nun noch übrig, auf die Gründe gewisser Leute zu antworten, womit sie sich einreden wollen, daß die Erwählung der Juden nicht eine zeitliche und blos ihr Reich angehende, sondern daß sie eine ewige gewesen sei. Denn, sagen sie, wir sehen, daß die Juden auch nach dem Verluste ihres Reiches, nach so vielen Jahren, überall zerstreut und von allen Völkern abgesondert, noch da sind, was keiner anderen Nation widerfahren ist; dann scheinen auch die heiligen Schriften in vielen Stellen zu lehren, daß Gott sich die Juden auf ewig auserwählt habe und daß sie deshalb, ob sie gleich ihr Reich verloren haben, nichtsdestoweniger doch die Auserwählten Gottes bleiben."

Hierin ist viel Richtiges mit Unrichtigem gepaart. Spinoza, auf der Höhe seines philosophisch-monistischen Standpunktes, hat stets nur sein großes Endziel vor Augen, welches eine einige, brüderlich umschlungene Menschheit mit einem alle Menschenwesen in gleicher Liebesfülle leitenden Gottesvater verlangend erschaut. Ueber diesem erhabenen Endziel, das sein Götterauge in weiter Ferne erblickt, vergißt er einerseits, daß das schwache Menschengeschlecht noch vieler, vieler Jahrhunderte bedarf, ehe es für ein solches Einigungswerk herangereift ist; andrerseits übersieht er, hat kaum eine Ahnung davon, daß gerade die Zerstreuung Israels unter alle Völker des Erdenrunds providentiell zur Förderung des göttlichen Endziels beitragen muß; drittens begeht er in Folge davon, wie so viele Andere, die über Israel schreiben, ein Unrecht gegen den Geist der Geschichte. Er macht von dem Charakter, von der Geistesbeschaffenheit der zeitgenössischen einseitigen Bekenner Mosis einen unerlaubten und darum ganz schiefen Rückschluß auf das Wesen der alttestamentlichen Hebräer.

Wenn auch zuzugeben ist, daß die Prophetennatur — und besonders so, wie ich sie wiederholentlich erklärt habe — unter allen Nationen auftritt und auftreten kann, so muß doch ebenso zugegeben werden, daß die seelische und geistige Anlage der alten Hebräer eine ganz individuelle war. Es lag in der Individualität des alten Hebräervolkes, stets und vor allem den Endzweck des Menschendaseins — nämlich die moralische Vervollkommnung des

Menschen — als von Gott geforderte Hauptaufgabe zu erkennen und zu entwickeln. In diesem Sinne Gott zu dienen, ihn zu erkennen und für die Verbreitung des wahren Gottesreiches eifervoll zu sorgen, entsprach dem hebräischen Volksgeiste und fand den beredtesten poesieerfülltesten Ausdruck durch jene Menschenspezies, die wir Propheten nennen. In diesem Sinne ist es erlaubt zu sagen, das alte Israel hatte vor und über allen anderen Völkern Propheten. Eine gewisse, bestimmte Idee ward Jahrtausende hindurch ausschließlich in diesem kleinen Geistesvolke genährt und entwickelt — und damit die Messias-Idee, um sie nachher für alle Völker der Welt fruchtbar zu machen. Und wenn das, was allen Menschen zu allen Zeiten als das Höchste, Größeste gilt — nämlich die ideale, sittlich-religiöse Ideenwelt — die auserwählte Gottesidee genannt werden muß, so ist auch dasjenige Volk, welches diese Idee vorzugsweise getragen und glorreich entwickelt hat, mit vollem Rechte als das „auserwählte Volk Gottes" zu bezeichnen. — Unbefangener als Spinoza erkennt Lessing die Sonderbedeutung Israels an. In Lessings „Erziehung des Menschengeschlechts" (vom Jahre 1780) ist § 18 zu lesen: „Allein wozu, wird man fragen, diese Erziehung eines so rohen (?!?) Volkes, eines Volkes, mit welchem Gott so ganz von vorne anfangen mußte? Ich antworte: um in der Folge der Zeit einzelne Gliedern desselben so viel sicherer zu Erziehern aller übrigen Völker brauchen zu können. Er erzog in ihm die künftigen Erzieher des Menschengeschlechts. Das wurden Juden, das konnten nur Juden werden, nur Männer aus einem so erzogenen Volke." Und ebendort § 33: „Ein Volk, in diesem heroischen Gehorsam gegen Gott erzogen, sollte es nicht bestimmt, sollte es nicht vor allen andern fähig sein, ganz besondere göttliche Absichten auszuführen?" —

Spinoza beruft sich in seinen soeben angeführten Aussprüchen auf Paulus als einen Gewährsmann, mit dessen Lehre die seinige congruiere. Allein abgesehen davon, daß schon Spinoza in der weiteren Deduktion Paulinischer Theorieen zugestehen muß, daß dieselben Manches enthalten, was seiner Meinung widerspricht, wiewohl er sich bemüht, diese Widersprüche zu paralysieren: so scheint ihm doch völlig der Standpunkt Pauli über die Zukunft Israels entgangen zu sein. Und Paulus steht damit zu Spinoza in fast diametralem Gegensatze. Der große zaubergewaltige Heidenapostel Paulus lehrt als religiöser Geist wie nachher Spinoza als philosophischer Kopf dieselbe Grundwahrheit, daß Jesus, der Christus Gottes, allen Völkern der Welt zum Heile, zur geistigen Erlösung gesandt sei. Aber daß ein religiöser Geist weit klarer, seherischer die Tiefen der Gottheit erfaßt, als ein philosophischer: das kann man aus der Gegenüberstellung eines Paulus und Spinoza aufs schlagendste erkennen. Obwohl Paulus unsäglich unter der Verfolgung seines Volksstammes zu leiden und zu dulden hat — weit größere Körper- und Seelenpein als Spinoza — wird er keinen Augenblick blind gegen die vorzügliche Eigenart, gegen die Bedeutung dieses Volkes von Anfang an und für alle fernere Zukunft. Er verwirft sein Volk mit nichten, wendet sich nicht kalt und theilnahmlos von ihnen ab, sondern bewahrt ihnen bis an sein Lebensende ein liebevolles Herz, seine vollste Sympathie. Die Entwickelung des Christenthums und Judenthums bis hieher lehrt, daß Paulus Recht hat — und die weiteren Phasen dieser Religionen werden erst recht darthun, wie tief, klar, genial der religiöse Genius eines Paulus auch in dieser Beziehung vorausgeschaut hat. Davon reden alle Episteln Pauli, insonderheit diejenige an die Römer. Paulus, der von Israel Verfolgte und Gepeinigte, spricht über sein Volk u. A.: „Ich habe gewünschet, verbannet zu sein von Christo für meine Brüder, die meine Gefreundten sind nach dem Fleisch." (Römer 9, 3.) „Es ist hie kein Unterschied unter Juden und Griechen; es ist Aller zumal ein HErr, reich über Alle, die ihn anrufen." (Römer 10, 12.) Und endlich das Zukunftswort über Israel: „Ich will euch nicht verhalten, lieben Brüder, dieses

Geheimniß, auf daß ihr nicht stolz seid. Blindheit ist Israel eines Theils widerfahren, so lange, bis die Fülle der Heiden eingegangen sei." „Und also das ganze Israel selig werde, wie geschrieben steht: Es wird kommen aus Zion, der da erlöse, und abwende das gottlose Wesen von Jakob." (Römer 11, 25—26.) So wie Paulus, ermahnt uns schon früher der alttestamentliche Jesus Sirach zur Geduld über die schier endlose Zukunft Israels: „Ein Jeglicher hat eine bestimmte Zeit zu leben; aber Israels Zeit hat keine Zahl." (Sirach 37, 28.)

Dieses Wort leitet passend zu dem dritten oben citierten Streitpunkte des Spinoza hin, ob die Erwählung Israels eine ewige sei und bleibe, oder nicht. Diese Frage hängt mit dem gegenwärtigen Bestande des mosaischen Bekenntnisses aufs engste zusammen und darf als Angelpunkt der ganzen, sogenannten „Judenfrage" angesehen werden. Dieses Objekt des Denkens ist darum so zu behandeln, daß sich der religiöse Mensch ebenso befriedigt finden muß, wie der rein wissenschaftlich (philosophisch) denkende Mensch. Da dieses Problem auch noch in der umfassenden Stelle desselben Kapitels berührt wird, die sich speziell mit den modernen Juden als Zeitgenossen Spinoza's beschäftigt und um derentwillen sich unser Denker besonders herbe Angriffe zugezogen hat, lasse ich diesen für die vorliegende Betrachtung so überaus wichtigen Abschnitt hier erst in pleno folgen. „Die heutigen Juden", sagt Spinoza, „haben also durchaus nichts, was sie sich vor allen andern Nationen voraus beilegen könnten. Daß sie aber nach einer so viele Jahre dauernden Zerstreuung ohne ein eigenes Reich noch jetzt vorhanden sind, ist gar kein Wunder, da sie sich von allen Nationen so abgesondert haben, daß sie sich den Haß Aller zugezogen, und zwar nicht blos durch ihre äußeren gottesdienstlichen Gebräuche, die den gottes= dienstlichen Gebräuchen der andern Nationen entgegengesetzt sind, sondern auch durch das Zeichen der Beschneidung, das sie auf das gewissenhafteste beobachten. Daß aber der Haß der Nationen sie besonders erhält, hat die Erfahrung schon gelehrt. Als vordem der König von Spanien die Juden zwang, entweder die Staatsreligion anzunehmen oder auszuwandern, nahmen sehr viele Juden die Religion der Päpstlichen an; weil aber denen, die diese Religion annahmen, alle Privilegien eingeborner Spanier ertheilt und sie sogleich aller Ehrenstellen fähig erklärt wurden, so vermischten sie sich dergestalt mit den Spaniern, daß kurze Zeit darauf kein Ueberbleibsel und kein Andenken von ihnen mehr vorhanden war. Ganz das Gegentheil aber geschah bei denen, die der König von Portugal zur Annahme der Staatsreligion zwang; diese lebten, obgleich sie zur Staatsreligion bekehrt waren, beständig von allen abgesondert, weil sie nämlich der König für unfähig zu allen Ehrenstellen erklärt hatte.

„Das Zeichen der Beschneidung vermag dabei, wie ich glaube, so viel, daß ich überzeugt bin, dieses Einzige werde diese Nation ewig erhalten; ja, wenn die Grundsätze ihrer Religion ihre Gemüther nicht weibisch machten, so würde ich unbedingt glauben, daß sie einst, bei günstiger Gelegenheit, wie ja die menschlichen Dinge veränderlich sind, ihr Reich wieder aufrichten würden, und daß Gott sie von neuem erwählen werde." — — — „Wollte endlich Jemand behaupten, daß die Juden aus einer oder der andern Ursache von Gott in Ewigkeit auserwählt seien, so will ich ihm nicht widersprechen, wenn er nur festhält, daß diese Auserwählung, möge sie nun zeitlich oder ewig sein, insofern sie nur besonders den Juden eigen ist, nur das Reich und die körperlichen Bequemlichkeiten betreffe (da ja nur dies eine Nation von der andern unterscheiden kann); daß aber in Bezug auf Verstand und wahre Tugend keine Nation von der andern verschieden sei, also auch in diesen Dingen nicht die eine vor der andern von Gott auserwählt werde."

Mit diesem Passus schließt zugleich das merkwürdige Kapitel

von der „Berufung der Hebräer" ab. Es wird nun zu zeigen sein, daß sich auch hierin Wahres und Irriges in wunderlicher Gemeinschaft beisammen findet. — Bertholb Auerbach spricht sich über diese und andere antijüdische Stellen in seiner der II. Ausgabe der Spinoza-Uebersetzung vorangestellten „Lebensgeschichte Spinoza's" sehr ungünstig aus. Er redet (S. XL) von Spinoza's „Angriffslust und Herbheit gegen die Juden." Ferner: „Spinoza gestattet sich hier eine Ausdrucksweise, die seiner später entwickelten, durchaus maßvollen Gelassenheit nicht entspricht. Diese Schrift ist eine polemische Oppositionsschrift und trägt noch Spuren des Ungestüms persönlicher Erregung." Auerbach bemerkt noch darüber (S. XL—XLI): „Daß er sich mehr und heftiger gegen die Autoritäten der jüdischen als der christlichen Theologie wendet, mag aus den Zeitverhältnissen und aus der zu Grunde liegenden persönlichen Vertheidigungs- und Streitschrift sich erklären. In Betreff der Bibel spricht er sich über das neue Testament und die Apostel ebenso unabhängig aus, wie über das alte Testament und die Propheten". (Gehören die Propheten nicht auch zum alten Testament? K.) Schon der letztere Umstand muß doch augenscheinlich lehren, daß persönliche Bitternisse einen Spinoza nicht um seine Objektivität gebracht haben. Dazu hat der ganze Prachtbau dieses theologisch-politischen Werkes eine zu wissenschaftlich strenge Majestät, als daß man es mit der Bezeichnung „polemische Oppositionsschrift" so ohne Weiteres abthun könnte. Die Auerbach'sche Antipathie liegt tiefer. Goethe drückt einmal sein großes Erstaunen über all' die wunderlichen Leute aus, welche Spinoza einen „Atheisten" nennen und giebt ihm im Gegensatze dazu das ehrenvolle Epitheton „Christianissimus"[6]). Dieses Epitheton wird gewiß nicht leicht Jemand dem in seiner Art bedeutenden Berthold Auerbach zuerkennen wollen. Darin liegt des Pudels Kern.

Spinoza's großartige, absolute Wahrheitsliebe ist übrigens auch späterhin unter Anderem noch von englischer Seite in merkwürdiger Weise verunglimpft worden. Seiner Zeit machte „Daniel Deronba", ein Roman der excellenten Engländerin George Elliot, gerechtfertigtes Aufsehen. Bekanntlich schwärmt der Held Deronba darin ganz besonders dafür, den Stamm Israel, dem er selbst angehört, nach Palästina zurückzuführen, um daselbst im Ernste ein Neu=Judäa, eine Art „Belgien des Orients", zu begründen. Die eigentliche Seele dieser politisch=religiösen Schwärmereien ist eine andere mosaische Hauptfigur des Romans, der alte, erzbrave Morbechai, welcher jüdische Religion und jüdische Race vollständig identificiert. Dieser moderne Morbechai hätte zunächst schon aus der Geschichte seines weltberühmten uralten Namensvetters, des königlichen Marbachai, lernen können, daß schon zu den Zeiten der gloriosen Perserkönige viele nicht=hebräische Nationen die Religion Israels annahmen und in diesem Sinne „Juden" wurden. Die Heilige Schrift berichtet im Buche „Esther" (8, 17) ausdrücklich: „Und in allen Ländern und Städten, an welchen Ort des Königs Wort und Gebot gelangte, da ward Freude und Wonne unter den Juden, Wohlleben und gute Tage, daß viele aus den Völkern im Lande Juden wurden; denn die Furcht der Juden kam über sie." Hinsichtlich der Erwählung des Volkes Israel darf man schon hieraus erkennen, daß sich damit nach und nach etwas rein Geistiges ausbildete, d. h. die Idee, daß nicht ein einzelner bestimmter Volksstamm Juden, Auserwählte Gottes genannt wurden und so zu benennen sind, sondern alle diejenigen Völker zusammen das „Judenthum" bildeten, welche den echten Monotheismus als Erbe des uralten Bundesvolkes angenommen hatten. Daher wurden späterhin, als Jesus, der Messias Israels, von den Heidenvölkern aufgenommen wurde, die Heiden zu wahrhaften Israelitern. — Die englische Verfasserin läßt im XLII. Kapitel (III. Band p. 202) ihren Morbechai also über Spinoza urtheilen: „Baruch Spinoza had not a faithful Jewish heart, though he had sucked the life of his intellect at the breasts of Jewish tradition. He laid bare his father's nakedness and said: ‚They who scorn him have the higher wisdom'! Yet Baruch Spinoza confessed, he saw not why Israel should not again be a chosen nation. Who says that the history and literature of our race are dead?" etc. etc. („Baruch Spinoza hatte kein treues Jüdisches Herz, obgleich er das Leben seines Verstandes an den Brüsten Jüdischer Tradition eingesogen hatte. Er legte seines Vaters Nacktheit bloß und sagte: ‚Die ihn schmähen, haben die größere Weisheit'! Jedoch bekannte Baruch Spinoza, er sehe nicht ein, weshalb Israel nicht wieder eine auserwählte Nation sein sollte. Wer will behaupten, daß die Geschichte und Literatur unserer Race todt sind?") Welch eine krankhafte Sentimentalität spricht aus diesen Worten! Ich ahne sogar, daß dieser Mordechai unserm Spinoza, weil er absolut seinem Genius der Wahrheit folgte, dafür das saubere Angebinde macht, ihn mit Noah's entartetem Sohne Ham auf eine Linie zu stellen (cf. I. Mose 9, 21—22). Freilich gehört Spinoza zu denjenigen echten Heilsärzten, die den Kranken eben deshalb nicht schonen und auch nicht schonen dürfen, weil sie wirkliche Heilung für ihn in Bereitschaft haben, eine urgründlich radicale Kur ohne alle Palliativmittel. Wäre Spinoza vielleicht rühmlicher, bewundernswerther zu nennen, wenn er seine ihm kundgewordene Wahrheit verschwiegen hätte? Hätte er so gehandelt, dann wäre er sehr weibischer Natur gewesen und nicht jener kühne, heldenhafte Denkergeist, als den ihn alle Welten preisen werden. Wollte Gott, daß recht viele Spinoza's in Israel und anderen Genossenschaften erwüchsen, die scharf und unentwegt ohne jede Anwandlung krankhafter Sentimentalität ihre innerste Ueberzeugung kund thäten und zu beweisen suchten: viele Uebel würden zauberhaft schnell aus der Welt verschwinden.

Ich kehre zu jenem „corpus delicti" in Spinoza zurück, das soviel böses Blut unter den Bekennern Mosis bewirkt hat. Zunächst ist zu sagen, daß Spinoza, der im Grunde das durchaus Wahre und Nothwendige, nämlich die Entnationalisierung des

Religionsvolkes Israel will, in seiner Argumentation Manches vorbringt, was in unserer Zeit nicht mehr vorhanden ist. Denn jetzt giebt es nicht nur ein orthodoxes, sondern auch ein reformiertes Judenthum, das sich äußerlich in seinen gottesdienstlichen Gebräuchen nur noch wenig, unerheblich von denen der christlichen Kirchen unterscheidet, um so weniger, als auch der Ruhetag (Sabbath) vom Sonnabend auf den christlichen Sonntag verlegt ist. — Irrthümlicher, schier mystischer Weise legt Spinoza ein besonders schweres Gewicht auf „das Zeichen der Beschneibung" und glaubt sogar, diese Ceremonie werde „diese Nation ewig erhalten". Wenn Spinoza heute lebte, würde er diesen seinen Irrthum ohne Weiteres einsehen, falls er einen Blick auf die religiöse Constitution des reformierten Judenthums werfen wollte. Dasselbe hat — Gott sei Dank — diesen wunderlichen, unästhetischen religiösen Akt der Circumcision, wenn nicht unter seinen Gemeindemitgliedern ganz beseitigt, so doch in das private Belieben jedes Einzelnen gestellt. Spinoza würde von den reformierten Bekennern Mosis lernen können, daß sich auch ohne jenes Zeichen diese Nation fest zusammenhält. Spinoza sieht hier wieder zu sehr auf's Aeußere und verkennt das geistige Band. — Uebrigens sind die christlichen Kirchen indirekt mit daran schuld, daß auf mosaischer Seite noch so obstinat an jener religiösen Ceremonie festgehalten wird. Die christliche Kirche und die christliche Kunst hat diesen Akt genugsam verherrlicht. Bekanntlich wird in der christlichen Kirche acht Tage nach Weihnachten zum Andenken an die mosaisch-rituelle „Beschneidung Christi" das Neujahrsfest gefeiert. Das Neujahrstags-Evangelium enthält nur diesen einen Vers (Lucas 2, 21): „Und da acht Tage um waren, daß das Kind beschnitten würde; da ward sein Name genannt Jesus, welcher genannt war von dem Engel, ehe denn er im Mutterleibe empfangen ward[7])." Dieses wird jahraus jahrein in sämmtlichen Kirchen der Christenheit vor Männern, Frauen und Jungfrauen vorgelesen. Ich kann hier nur wiederholen, was ich

darüber in meiner erwähnten religiösen Schrift (S. 24) darge=
legt habe:

Diese evangelischen Worte gehören zu denjenigen Bibelstellen,
die ein für allemal aus dem Kirchenleben ausgemerzt werden
müssen, aus dem einfachen Grunde, weil sie das geschlechtliche
Leben oder die geschlechtlichen Unterschiede der Menschen berühren.

Die Menschen sind nicht mehr so naiv, daß sie in den ge=
heiligten Kirchenhallen derartige Dinge anhören können, ohne sub=
jektiv und objektiv tief zu erröthen, also in ihrem Schamgefühl
alteriert zu werden. Es ist eine wesentliche, heilige Pflicht der
Kirche, aus ihrem Leben, besonders während des öffentlichen Got=
tesdienstes, wo Jung und Alt, Frauen und Männer nebeneinander
beten, Alles auszuscheiden, was auch nur im entferntesten an das
geschlechtliche Leben anstreift.

Die Kirche als ein wahrhaftiger Tempel Gottes hat es allein
mit dem Geiste und seinen Wunderfrüchten zu thun. In ihren
geheiligten Räumen soll nichts geredet, nichts vorgetragen, noch
je etwas gesungen werden, was die naturnothwendige Zartheit des
Schamgefühls aufs leiseste trüben könnte — nichts, was nicht die
verschiedenen Geschlechter, ohne erröthen zu müssen, mit einander
sowohl anhören, als vorkommenden Falles auch erörtern dürften.
Und wenn es auch leider noch gegenwärtig vorkommt, daß jene
Neujahrs=Worte aus dem Evangelium Lucä in den Weihnachts=
Oratorien von den blühendsten, jungfräulichsten Kehlen gesungen
werden, so wirkt das nicht als ein Zeichen heiligster Naivetät oder
keuschester Unbefangenheit auf den Hörer ein — der doch nimmer
sein Denkvermögen und sein Gefühl der Geistesheiligkeit preisgeben
kann — sondern als ein Zeichen höchster Geschmackwidrigkeit, Un=
sauberkeit und ästhetischer Verirrung.

Darum: wer jene bedenklichen Worte aus Lukas unbefangen
prüft, der wird eingestehen müssen, daß die Wahl derselben keine
glückliche ist: sie machen einerseits dem Mosaismus indirekt eine
merkwürdige Konzession, die weit besser unterblieben wäre; ande=

rerseits aber ignorieren sie das, was die mosaische Gesetzgebung in Bezug auf das Neujahrsfest als wahr und wesentlich enthält, gänzlich. — —

Hinsichtlich der Ewigkeit Israels als des auserwählten Volkes hat nun Spinoza nach oben mitgetheiltem Wortlaute die sonderbare Meinung, daß diese ihm immerhin möglich dünkende Auserwählung „nur das Reich und die körperlichen Bequemlichkeiten betreffe." Diese Anschauung läßt sich schwer begreifen. Schwierig wird es, das unentrinnbar Richtige zu sagen, weil zwei Faktoren dabei in Betracht kommen, das Religiöse und das Nationale. Der christlich=religiöse Mensch hegt seine Antipathie gegen das Volk Israel, weil er sich sagt, hier ist ein Stamm, dem sein über Alles geliebter Heiland und Erlöser entsprossen ist und der ihn noch immerdar in stärkerem oder gelinderem Maße verwirft. Da ist eine schier unüberbrückbare Kluft vorhanden. Der religiös=indifferente Christ, also der nichtjüdische Nationale, hat keine Sympathie für den israelitischen Volksstamm, weil er denselben als einen fremdartigen ansieht, der ihm kein inneres sympathisches Verständniß für die betreffende andere Nationalität zu haben scheint, denn er sagt sich ja wohl: zweien Nationen kann man nicht angehören, und da der Israelit vermöge seiner eigenthümlichen Religion sich als Sprößling des israelitischen Nationalstaates Palästina erfühlt und erkennt, wird er der anderen Nation, in der er gerade lebt, nicht von ganzem Herzen und von ganzer Seele angehören können. Israel steht also nach den zwei wesentlichsten Faktoren des Kulturlebens — nach Religion und Nation — isoliert unter den andern Völkern da.

Wie ist nun aus diesem Dilemma herauszukommen? Wo ist der Schlüssel zu diesem Welträthsel zu finden? — Nichts einfacher als dieses. Hier muß gläubiger (orthodoxer) Mosaist streng vom reformierten oder ganz indifferenten Bekenner Mosis geschieden werden. Der strenggläubige Israelit ist subjektiv vollkommen in seinem Rechte, wie denn jeder noch so verschieden geartete wirkliche, innere Glaube eine gewisse Seligkeit und auch eine gewisse objektive Wahrheit involviert. Eine Betrachtung der mosaischen Orthodoxie ist auch nicht wenig geeignet, die richtige Lösung der „Judenfrage" erkennen zu lassen. Der orthodoxe Israelit betrachtet sich nach einem Fundamentalsatze seines Glaubens nur als einen Gast unter den andern Völkern, er erwartet in Wirklichkeit noch den Messias, der das gesammte Israel aus allen vier Ecken und Enden der Welt durch höhere überirdische Gewalt versammeln, nach Palästina führen und dort das Friedensreich Israel als Musterleuchte für alle anderen Völker begründen wird. Da ein solcher Glaubenssatz durch viele nur buchstäblich verstandene Stellen des Alten Testaments, namentlich der Propheten, kräftig unterstützt wird, so läßt sich vom Standpunkte des Buchstaben-Glaubens nichts dagegen einwenden — und es tauchen in der Gegenwart sogar immer neue evangelische Theologen auf, die allen Ernstes dieselbe Idee vertreten und glauben, daß die Hebräer wieder Palästina als ihr Reich erlangen werden. Ich erinnere nur an den liebenswürdigen evangelischen Geistlichen Johannes Boegehold und seine Schrift: „Jerusalem und die heiligen Stätten", nebst einem Anhange über die „Zukunft Israels und des heiligen Landes." Neusalz, 1876, II. Auflage.

Der orthodoxe Israelit ist also auch subjektiv im Rechte, sich für das ewig auserwählte Volk Gottes anzusehen; von ihm ist es nicht zu verlangen, daß er Jesus als den seinem Volke verheißenen Heiland aller Völker aufnimmt, denn da er die Heilige Schrift buchstäblich auffaßt, so hat er leichtes Spiel mit der Verwerfung Christi, denn er braucht ja nur gewisse wörtliche Schriftverheißungen ins Feld zu führen, die trotz Jesus nicht erfüllt sind — und ist ein stolz triumphierender Mann Jehovah's. — Dem orthodoxen Israeliten wird wohl noch schwerer zu helfen sein, als dem orthodoxen buchstabengläubigen Christen, der doch wenigstens Christus und das Evangelium zum Führer hat. Vielleicht hilft Allen zumal der endliche Befreier vom Buchstabenglauben. „Luther, Du!" ruft der Geistesbulber Lessing sehnsuchtsvoll aus. — „Großer, verkannter Mann! Und von niemanden mehr verkannt als von den kurzsichtigen Starrköpfen, die, Deine Pantoffeln in der Hand, den von Dir gebahnten Weg schreiend aber gleichgültig daher schlendern! — Du hast uns von dem Joche der Tradition erlöst: wer erlöst uns von dem unerträglichen Joche des Buchstabens! Wer bringt uns endlich ein Christenthum, wie Du es jetzt lehren würdest, wie es Christus selbst lehren würde!" (Lessing: Eine Parabel an den Herrn Pastor Goeze in Hamburg, 1778, in dem dazu gehörigen „Absagungs= schreiben" enthalten).

Die orthodoxen Israeliten haben bei allem Wunderlichen das durchaus Versöhnliche an sich, daß sie vollbürtige Träger des wirklichen Fundaments der Weltreligion sind und daß gerade aus ihren Reihen von Zeit zu Zeit echte, überzeugungstreue Christen hervorgehen. Die orthodoxen Israeliten sind ganz allgemein Zeugen für die Glaubensstärke; sie bewahren dem Gottes= manne Moses die rührendste Anhänglichkeit und obwohl sie hin= sichtlich des Auserwähltseins die langen, bangen Jahrhunderte hindurch kaum etwas anderes gekostet haben, als was Jesajas verheißt: „siehe ich will Dich läutern, aber nicht wie Silber, sondern ich will Dich auserwählt machen im Ofen des Elends" (Jesajas 48, 10), — so wanken sie in ihrer spezifischen Glaubenstreue doch nicht; sie hoffen und harren immer getrost.

Anders und schwieriger steht die Sache bei den reformierten oder indifferenten Bekennern des Mosaismus. Die freisinnigen, reformierten Israeliten haben die Idee, daß sie ein geistiger oder weltlicher Befreier nach Palästina zurückführen werde, im Grunde genommen, gänzlich aufgegeben. Nur zu Zeiten heftiger, brutaler, blindwüthiger Anfeindung — wie etwa jetzt — taucht auch in solchen Bekennern Mosis wieder hier und da die alte Sehnsucht auf, daß sie ein anderer Moses in's gelobte Land zurückbringen möchte. Solche Anwandlungen gehen — Dank ihrer Besonnenheit — schnell vorüber. Sie müssen immer wieder erkennen, daß sie durch Geburt und gesammte Erziehungsweise doch immer schon zum großen Theil innerlich mit dem Lande verwachsen sind, in dem sie sich als politische Bürger befinden. Sie möchten gern mit ihrem innersten Herzblut dem betreffenden Staatsganzen angehören und sehen nur nicht ein, daß die Beschaffenheit ihrer Confession der ewige Behinderungsgrund bleiben muß. Sie können noch immer nicht begreifen, daß die auf's allernatürlichste und dabei auf's göttlichste gebotene Möglichkeit, sie wirklich mit allen Völkerschaften innerlich zu verweben, absolut zu amalgamieren, ganz allein durch die Person Jesu zu bewerkstelligen ist. Dieser Gottesgenius, Fleisch von ihrem Fleisch, der von allen Völkern, unter denen sie der Culturarbeit dienen, aufgenommene und über Alles verherrlichte Messias Israel's, kann allein das Band sein, welches sie herzinniglich mit allen Christ-Völkern verbinden muß. — So lange diese Erkenntniß unter den freisinnigen Israeliten nicht tiefe Wurzeln zu schlagen beginnt, so daß sie sich dieselbe zu einem inneren, vollen Eigenthum machen, werden sie allen Nationalitäten, unter denen sie weben und streben, immer mehr oder weniger fremdartig gegenüberstehen und indirekt schuld sein, daß die Abneigung gegen Israel nicht nur nicht weichen will, sondern vielmehr noch gar so wunderliche, abscheuliche Entartungen zeitigt, wie wir sie gegenwärtig zu beklagen haben. Der Mangel jener absolut nothwendigen Erkenntniß, daß Jesus, der Messias Israels, das natürliche Verbindungsmittel zwischen Israel und den übrigen Völkern bilden muß, läßt den Vorwurf, daß die Israeliten einen „Staat im Staate" darstellen, nicht ohne Berechtigung erscheinen. „Wer sich absondert, der sucht, was ihn gelüstet, und setzt sich wider Alles, was gut ist," heißt es in den Sprüchen Salomo's (18, 1). Wenn nun die Absonderung auch der freisinnigen Israeliten zum großen Theile durch den blinden an's Wahnsinnige grenzenden

Haß der Erzfeinde Israel's zu Wege gebracht wird, so darf das den besonnen denkenden Israeliten doch nicht veranlassen, in seinem Unrechte gegen Jesus, d. h. in der Vernachlässigung, Mißachtung, Verwerfung desselben zu verharren. — Gerade solche schwere Prüfungszeiten sind geeignet, die Kinder Israel's ihre **wahre Mission** begreifen zu lehren. Sie sind und bleiben ein Religionsvolk, das nicht da draußen außerhalb des Christenthums stehen und unthätig zuschauen solle, vielmehr haben sie durch Aufnahme des Gesalbten Israel's an der **Ausbildung, Wiedergeburt und Erneuerung** des Christenthums Jesu lebensvoll und energisch mitzuarbeiten. Darin beruht ihre spezielle Aufgabe, so lange es Israeliten in der Welt geben wird. Die orthodoxen Bekenner Mosis bereiten immer auf's Neue für diese heilige Gottesaufgabe vor: die Aufgeklärten Israel's haben die **Erfüllung** zu bewähren.

Hören wir, wie der prophetische Messias=Dichter den Gottesmann Moses über Israel sprechen läßt:

„Zwar was ich dir sage,
Weißt du Alles; doch ist es gut, die gesehene Wahrheit
Wieder zu sehen. Sie sind ein Volk des Gerichts und der Gnade!
Er, der thun wird, was er gethan hat, der Unerforschte,
Der mit der Rechten Erbarmung, Gericht mit der Linken herabwinkt,
Hat sie auf einen Felsen gestellt, dem Menschengeschlechte,
Allen Söhnen des Staubes zum strahlenden Beweise:
Daß es in ihrer Gewalt sei, Tod oder Leben zu wählen."

(Klopstock's Messias IX. Gesang, Vers 247—254.)

Darin beruht die Ewigkeit der Wahl Israel's, daß sie mit dem ihnen einzigartig verliehenen Gotteserbe recht und würdig walten lernen, d. h. am Ausbau des von Jesus, dem Messias Israel's, verkündeten Himmelreiches auf Erden unausgesetzt thätig zu sein. So werden sie auch den schönen Gottestraum Lessing's vom neuen wahren Christenthume Christi erfüllen helfen. Und in Wahrheit kann die nothwendige Umgestaltung des ganzen Christenthums, der gesammten Christ-Kirche, nur mit Beihülfe der Israeliten, des auserwählten Gottesvolkes, vollzogen werden.

Ich wiederhole hiermit auch meine in der Schrift „Was uns in der Religion Noth thut" enthaltene Apostrophe an die theuren Kinder Israel's (S. 44 — 46):

Und nun ist es besonders an Euch, Ihr einst so gottgeliebten **Kinder Israel's**, mit allen Kräften, von ganzem Herzen und von ganzer Seele das Eure zu thun, auf daß Ihr zum **Frieden** mit all' den Völkern gelanget, unter denen Ihr wohnet, und damit zum wahren Frieden mit Euch selbst. Was hilft es Euch wohl, wenn Ihr auch alle Schätze, Ehren und Würden der Welt gewinnet und doch immerdar ohne das kostbarste Gut, ohne die Liebe und Sympathie Eurer Mitmenschen außerhalb Eures Volkes, leben und darum leiden müsset!

Der **einzige** und zugleich schönste und erhabenste Weg, um zu diesem Himmelsfrieden mit Euch selbst und mit den andern Völkern zu gelangen, ist der, daß Ihr rastlos dahin arbeitet und trachtet, Eure Herzen mit dem immer noch von Euch verstoßenen armen, unschuldigen **Opferlamm Gottes, mit Jesus, dem Gesalbten Israel's**, auszusöhnen. Heiligt und verklärt Euch in und mit ihm: und ein Meer von Gottesliebe wird abermals von Euch über alle Lande seinen heiligen Ausgang nehmen! Nahet Euch in tiefster Demuth dem allerheiligsten Herzgeiste Jesu, des von Gott zum Heile aller Völker gesandten Messias; und der fast verwehte Hauch des Gottesfriedens wird aus Euren wiederum gnadenvollen Seelen in die Herzen und Gemüther all' derer einziehen, die, obwohl sie seit vielen Jahrhunderten den unvergleichlichen Segen des Welterlösers erfahren haben, dennoch in unfaßbarer Blindheit und Leichtfertigkeit sich von seinem göttlichen Geiste immer mehr loszumachen bemüht sind — wodurch sie sich ein Weltwesen zusammengebraut haben, worin es eitel Scheuel und Greuel giebt.

Erwäget es, Ihr Kinder Israel's, in heiligem Ernste, wie Ihr Euch den Christ=Geist zum unverlierbaren Seelenschatze zubereiten könnt; wirket dahin, daß durch den Christen Israel's die schier verlorene Gottesbegeisterung wieder in Euren Geschlechtern wach gerufen werde, auf daß sich endlich das prophetische Wort an Euch erfülle: „Und nach diesem will ich meinen Geist ausgießen über alles Fleisch und Eure Söhne und Töchter sollen weissagen; Eure Aeltesten sollen Träume haben, und Eure Jünglinge sollen Gesichte sehen." (Joel 3, 1).

Nichts Ernsteres, Heiligeres liegt Euch ob, als Jesum, den Helden vom Stamme Juda, mit Inbrunst zu lieben; zu erkennen, daß dieser Gottgesalbte sein heiliges Leben in erster Reihe für Euch selbst und dann für alle Völker des Erdkreises hingeopfert hat. Wie soll der Geist Jesu Ruhe finden, wenn er fort und fort empfinden muß, daß sich sein eigen Volk immer noch zurückweisend, ablehnend, selbst grollend gegen ihn, diesen Inbegriff der Gottesliebe, verhält!

Soll denn Mosis Urtheil über Euch, sein Euch so oft kundgethaner Vorwurf: „ich sehe, daß es ein halsstarrig Volk ist" (II. Mose 32, 9) ewig in Kraft bestehen bleiben? Oder soll Hesekiel's prophetisch Wort über Euch: „Denn das ganze Haus Israel's hat harte Stirnen und verstockte Herzen" (3, 7) immerdar Recht behalten? Darum gehet einmal ernstlich in Euch, streift Eures Herzens Härtigkeit und Verstocktheit doch endlich von Euch ab, auf daß Ihr die Ruhe findet, die Euch so sehr Noth thut.

Ist es überhaupt schon schwer denkbar, daß irgend Jemand ohne den Messias Gottes zum rechten Frieden gelange, so ist es für einen Sprößling Israels völlig ein Ding der Unmöglichkeit; Euch kann der Christ=Geist allein helfen. „So beschneidet nun Eures Herzens Vorhaut und seid fürder nicht halsstarrig." (V. Mose 10, 16). Erweichet Eure Herzen, öffnet die Augen und erkennet doch endlich das Herz Jesu, Eures und der Welt Gesalbten!

Was die Welt an Euch gesündigt hat, das hat sie längst zu sühnen gesucht, — dadurch, daß sie Euch im Großen und Ganzen in alle ihre Rechte und Gesetze mit aufnimmt und gleichberechtigt erachtet; nun ist es aber an Euch, auch Euer Unrecht am Weltgeiste zu sühnen, daß Ihr den aufnehmet und lieben lernet, den die meisten Völker von Euch empfangen haben, den sie fort und fort aufs allerhöchste verherrlichen, während Ihr ihm immer noch lieblos gegenübersteht. Und der Heiland verlangt Nichts als ein liebevolles Herz. — Wie sollen die Völker Euch denn in Wahrheit lieben können, wenn Ihr ihren Geliebtesten immer noch verstoßet? Wann werdet Ihr wohl dahin kommen, reumüthig das inhaltsschwere Wort des Psalmisten zu Herzen zu nehmen, das Euch und aller Welt mahnend entgegenhält: „Tastet meine Gesalbten nicht an und thut meinen Propheten kein Leid!" (Psalm 105, 15)?

Durch die volle Erkenntniß, durch das heilige Erschauen und damit durch die volle Liebe Jesu könnt Ihr noch Alle zu hoher Klarheit und Verklärung gelangen; durch ihn könnt Ihr endlich wieder des Heiligen Christ-Geistes theilhaftig werden, der das Höchste in der Welt ist. Dadurch verschafft Ihr Euch selbst schon hier auf Erden die wunderbarste Seligkeit und traget ein Erstaunliches zur echten, ewigen, unvergänglichen Verbrüderung der Menschengeschlechter bei. So Herrliches steht Euch noch bevor, wenn Ihr endlich die Binde von Euren Geistesaugen nehmen und den Gesalbten Jehovah's in seiner ewigen Glorie erblicken wolltet. Durch solche Gnade könnt Ihr immer noch „Erstgeborne Gottes" heißen, die berufen sind, das heilige Erbe Israel's durch Gottes Gesalbten auch fernerhin in alle Völker zu verpflanzen, dergestalt, daß es wahre, unzerstörbare Heilsfrüchte des Gottesfriedens trage. —

V.

Indem ich nun wieder zu Spinoza zurückkehre, gereicht es mir zu unendlichem Vergnügen, kund thun zu können, daß vom 4. Kapitel ab, worin „vom göttlichen Gesetze" gesprochen wird, dieser Denkergeist sich immer mehr auf der Höhe jenes stolzerhabenen Monismus zeigt, der ihn so schön auszeichnet. Die Ausdrucksweise wird immer objektiver und streift das Polemische mehr und mehr ab. Ich kann indessen von hier ab nur noch manches Interessante herausgreifen, das geeignet erscheint, noch klarer darzulegen, wie Spinoza vom philosophischen Standpunkte das Wesen des Alten Testaments von demjenigen des Neuen Testaments unterscheidet. All diese Kapitel enthalten gar viel goldene Weisheitsworte, die der belehrungseifrige Leser aufsuchen möge. — Im 4. Kapitel wird klar auseinandergesetzt, wer in Wahrheit gerecht zu nennen ist, und dabei die Gesetzesachtung aus Furcht vor Strafe von derjenigen aus freier Liebe wohl unterschieden und damit der Unterschied zwischen dem durch die Sünde gebundenen und dem freien, idealen Menschen gelehrt. Spinoza sagt u. A.: „In der That, wer Jedem das Seine giebt, weil er den Galgen fürchtet, der handelt gezwungen auf des Andern Befehl und durch ein Uebel, und kann nicht gerecht genannt werden. Derjenige hingegen, der Jedem darum das Seinige giebt, weil er den wahren Grund der Gesetze und ihre Nothwendigkeit kennt, handelt mit standhaftem Gemüthe und nach eigenem und nicht nach fremdem Rathschluß und verdient also den Namen eines Gerechten." Ferner: „Unter dem menschlichen Gesetze verstehe ich die Weise zu leben, welche nur zur Sicherung des Lebens und des Staates dient; unter dem göttlichen aber diejenige, die nur auf das höchste Gut, d. h. auf die wahre Erkenntniß und Liebe Gottes abzweckt."

So zieht sich denn von hier ab durch das ganze weitere Buch wie ein rother Faden die Lehre, daß sich in Jesus das

Wesen der göttlichen Gerechtigkeit verkörpert habe, daß er der wirkliche ideale Befreier von der Knechtschaft des menschlichen Gesetzes geworden ist, dessen Werk an keine einzelne Zeit und an kein einzelnes Volk gebunden ist, sondern für alle Zeiten und alle Völker mustergültig bleibt. Darum lehrt Spinoza: „denn obgleich Christus auch im Namen Gottes Gesetze vorgeschrieben zu haben scheint, so ist doch zu urtheilen, daß er die Dinge wahrhaft und adäquat erfaßt habe; denn Christus war nicht sowohl ein Prophet, als vielmehr der Mund Gottes. Denn Gott hat (wie wir im ersten Kapitel gezeigt haben) durch die Seele Christi, wie zuvor durch Engel, nämlich durch eine erschaffene Stimme, Gesichte und dergl. dem menschlichen Geschlechte gewisse Dinge offenbart." Ich habe hinsichtlich der letzteren Ansicht schon oben auseinandergesetzt, daß ich die Gottesoffenbarungen der Propheten nur der Potenz nach von denjenigen Jesu unterscheide. Der Weg, die Art und Weise der Gottesoffenbarung ist zu allen Zeiten ein und dieselbe gewesen. Das bleibend Neue, das wir durch Christus erhalten, ist der vom Specifischen, Rationalen losgelöste Geist des Allgemeinen, Universellen, Weltumspannenden, kurz und gut der mit religiöser Kraft und Begeisterung gepredigte wahre Monismus. Einen solchen grundwahren, vollkommen objektiven Gedanken behauptet Spinoza noch oft mit allerlei interessanten Varianten, wie folgt:

„Denn, wie ich gesagt habe, Christus ist nicht gesandt worden, ein Reich zu erhalten und Gesetze, sondern blos das allgemeine Gesetz zu lehren; und daher verstehen wir leicht, daß Christus keine neuen Gesetze in dem Staate einführen wollte und besonders nur dafür Sorge trug, moralische Grundsätze zu lehren und sie von den Gesetzen des Staates zu unterscheiden, und das hauptsächlich wegen der Unwissenheit der Pharisäer, welche glaubten, daß der glückselig lebe, der die Rechte des Staats oder das Gesetz des Moses vertheidige." (Im V. Kapitel: Von dem Grunde, weshalb die Ceremonien eingesetzt worden sind, und von dem Glauben an die Geschichten, nämlich aus welchem Grunde und wem er nothwendig sei.) „Ferner, obgleich die Religion, wie sie von den Aposteln geprebigt wurde, indem sie nämlich einfach die Geschichte Christi erzählen, nicht in den Bereich der Vernunft gehört, so kann doch Jeder den Hauptinhalt desselben, welcher hauptsächlich, wie die ganze Lehre Christi, aus moralischen Lehren besteht, leicht mit dem natürlichen Lichte erfassen." Dazu in adn: „Nämlich das, welches Jesus Christus auf dem Berge gelehrt hatte und das St. Matthäus im 5. Kapitel und in den folgenden erörtert" (Spinoza im XI. Kapitel: Es wird untersucht, ob die Apostel ihre Briefe als Apostel und Propheten, oder aber als Lehrer geschrieben haben. Sodann wird auch das Amt der Apostel dargethan.) Ferner: „Und hieraus fassen wir leicht, inwiefern Gott als der Urheber der Bibel zu verstehen sei; nämlich wegen der wahren Religion, die darin gelehrt wird; nicht aber, weil er den Menschen eine gewisse Anzahl von Büchern habe mittheilen wollen. Wir können ferner hieraus auch wissen, warum die Bibel in die Bücher des alten und in die des neuen Testaments eingetheilt werde: weil nämlich vor der Ankunft Christi die Propheten die Religion als Gesetz des Vaterlandes und kraft des zu den Zeiten des Moses eingegangenen Bundes zu predigen pflegten; nach der Ankunft Christi aber die Apostel dieselbe als ein allgemeines Gesetz und blos kraft des Leidens Christi allen Menschen geprebigt haben; aber nicht deshalb, weil sie in der Lehre verschieden, oder weil sie als Urschriften eines Bundes geschrieben worden, noch endlich auch darum, weil die allgemeine Religion, welche die allernatürlichste sei, eine neue wäre, als in Bezug auf die Menschen, die sie nicht kannten. „Er war in der Welt", sagt Johannes der Evangelist im 1. Kapitel Vers 10, „und die Welt kannte ihn nicht." (Im XII. Kapitel: Von der wahren Urschrift des göttlichen Gesetzes, und in welcher Beziehung sie das Wort Gottes genannt wird. Schließlich wird gezeigt, daß sie, insofern sie das Wort Gottes enthält, unverfälscht auf uns gekommen sei).

Endlich noch: „Gott hat aber (dem entgegen) durch die **Apostel geoffenbart, daß der Bund mit Gott nicht mit Dinte, nicht auf steinernen Tafeln, sondern durch den Geist Gottes in das Herz geschrieben werde.**" (Im XVIII. Kapitel: Aus dem Staate und den Geschichten der Hebräer werden einige politische Lehrsätze gefolgert). —

Jeder, der nur diese Proben aus Spinoza's religionsphilosophischen Bekenntnissen liest, wird unumwunden zugeben müssen, daß auf ihn der Ausdruck „Christianissimus" durchaus zutreffend ist. Ich muß nur noch einmal hervorheben, daß er es verkennt oder zu verkennen scheint, wie in Jesus die Krone des echten Prophetismus zu erblicken ist, der sich mit dem königlichen Propheten Jesajas aufthut. Dieser Prophetismus enthält in seinen Reimen und sporadischen Ideen jenen religiösen Universalismus, der in Jesus vollkommen verkörpert erscheint. Indirekt muß ja Spinoza selbst kundgeben, daß er es in diesem Betrachte an Deutlichkeit und Klarheit fehlen ließ. So sagt er u. A. im V. Kapitel geradezu: Jesajas lehrt aufs Deutlichste, daß das **göttliche Gesetz an und für sich genommen jenes allgemeine Gesetz, welches in der wahren Weise zu leben besteht, nicht aber Ceremonien bedeute.**" In Wahrheit beginnt mit Jesajas der großartige, gewaltige Prophetenkampf gegen das starre Beobachten bloßer Ceremonien, die nichts mit der Seelenläuterung zu schaffen haben. Und so ist Jesajas quantitativ, nicht qualitativ vom Vollender Jesus verschieden. Etwas Aehnliches gilt von Jeremias, was ebenfalls Spinoza indirekt zugeben muß: „Daß aber die Hebräer nach der Zerstörung ihres Reichs nicht weiter verbunden sind, die Ceremonien zu beobachten, erhellt aus Jeremias, welcher da, wo er die Verwüstung der Stadt nahe bevorstehen sieht und weissagt, spricht: „Gott liebe nur diejenigen, welche wissen und verstehen, daß er Barmherzigkeit, Recht und

Gerechtigkeit in der Welt übe; und daher würden nur die in Zukunft für des Lobes würdig zu halten sein, die dies wüßten." (cf. Jeremias 9, 23—24.)

Wir haben hieraus, wie aus dem Ganzen des theologisch-politischen Traktates, zu erkennen, daß Spinoza unwillig über das im Mosaismus vorherrschende Betonen inhaltsleerer Ceremonien ist, daß ihm nur die Vervollkommnung des Herzens, des Gemüthes als wahrhaft gotteswürdig erscheint und daß die Lehre Jesu den echten, vollendeten Weg dazu darbietet, den Weg, der von Jesaias und den folgenden Propheten zubereitet ward. Im Uebrigen macht Spinoza mit den Ceremonien der christlichen Kirche ebenso wenig Umstände, wie mit denen des mosaischen Gottesdienstes. Spinoza sagt ausdrücklich (in demselben V. Kapitel): „Aus diesem Allem geht sonnenklar hervor, daß die Ceremonien zur Glückseligkeit nichts beitragen und daß die des Alten Testaments, ja, daß das ganze Gesetz Mosis auf weiter nichts als das Reich der Hebräer und folglich nur auf leibliche Vortheile abgezielt habe. Was aber die Ceremonien der Christen betrifft, nämlich die Taufe, das Abendmahl, die Feste, die äußerlichen Gebete und was es noch sonst für ähnliche Ceremonien giebt, die dem ganzen Christenthum gemein sind und immer gemein waren, so sind sie, wenn sie jemals von Christus oder den Aposteln eingesetzt worden sind (was mir noch nicht sattsam gewiß ist), nur als äußerliche Zeichen der allgemeinen Kirche, keineswegs aber als Dinge eingesetzt, die etwas zur Glückseligkeit beitragen oder etwas Heiliges in sich enthalten." Und im weiteren Verlaufe desselben Kapitels: „Hingegen ist derjenige, wie ich gesagt habe, unbedingt selig, und hat wirklich den Geist Christi in sich, der gar nichts von jenen Geschichten (sc. biblischen Geschichten) weiß, aber demungeachtet heilbringende Meinungen und die wahre Weise zu leben hat."

Der große Denker geht hierin offenbar wieder zu weit und verliert demzufolge an absoluter, weltburchschauender Weisheit.

Spinoza verkennt das **ethische** Grundwesen der religiösen Ceremonieen. Ihr Ethos wurzelt in der Dankbarkeit. Die religiösen Ceremonieen sollen Symbole des Dankes gegen Gott und diejenigen gotterleuchteten Geister sein, welche den wahren Weg zur menschlichen Glückseligkeit gezeigt haben. Ein undankbarer Mensch ist auch kein wirklich gerechter, liebevoller Mensch; ein solcher steht unter dem Schlangenbanne der Selbstsucht, die sich gern einreden möchte, Alles aus sich allein geschöpft zu haben. — Ein Spinoza bekennt selbst freudig genug den Dank, den er unterschiedlichen Geistesvorfahren schuldet, solchen, die ihm selbst die Wege zu seiner hohen Weisheitspforte geebnet haben. Wollen wir also die wahre Glückseligkeit preisen, so gebührt es uns auch, auf daß sich alle Gerechtigkeit erfülle, derjenigen dankbaren Gemüthes eingedenk zu sein, die zu unserem eigenen Besten gelehrt, gelitten und geduldet haben. Weil es nun unter allen Größen im Reiche des Geistes festsieht, daß die ehernen Grundsäulen alles wahren sittlich-religiösen Lebens allein in der Heiligen Schrift zu finden sind: so gebührt in erster Reihe den heiligen Schriftgeistern, welche den Weg zur wahren Seligkeit, Herzensläuterung für alle Zeiten verkündet haben, obenan dem Messias Jesus, unser tiefgefühlter Dank. Die religiösen Ceremonieen enthalten für alle Welt die symbolische Ausdrucksweise für dieses ethische Gefühl des Dankes. Der immer gerechter, göttlicher werdende Mensch hat darauf zu schauen, daß diese Ceremonieen auch in Wahrheit der Ausdruck vollen gerechten Dankes werden, daß sie nicht einseitig und auch nicht vernunftwidrig erscheinen. Daß vom Standpunkte des religiös-gerechten Menschen in der weiteren Ausbildung des Christenthums auch die religiösen Ceremonieen entsprechend umzugestalten sind, habe ich ebenfalls in meiner mehrfach erwähnten religiösen Schrift auseinandergesetzt, wobei ich von dem Grundgedanken ausgehe, daß die wirkliche Christkirche, wie sie Christus und die Apostel lehren, in den Ceremonieen den Dank gegen die Hauptgeister des Alten und Neuen Bundes zum Ausdruck zu bringen habe.

Dem Evangelium nach wäre an ein göttliches Dreigestirn Moses=Elias=Christus zu denken. Ich erinnere an die Stelle im Matthäus (17, 4): „Petrus aber antwortete und sprach zu Jesu: ‚Herr, hier ist gut sein; willst Du, so wollen wir hier **drei Hütten machen, Dir eine, Moses eine, und Elias eine**‘." —

Ich habe aus dem Theologisch=politischen Traktate soviel Momente herbeigezogen, die mir geeignet erschienen sind, die Grundansichten Spinoza's über das Alte und Neue Testament und damit über Judenthum und Christenthum vor Augen zu führen. Auf die weiteren reichen Geistesschätze dieses grandiosen Werkes **näher einzugehen**, liegt nicht im Plane meiner gegenwärtigen Aufgabe. Nur in Kürze möchte ich noch auf manche Herrlichkeiten desselben aufmerksam machen. Das sechste Kapitel **„von den Wundern"** ist unserer Zeit als besonders beherzigenswerth anzupreisen. Es beginnt in dieser definierenden Weise; „Wie man diejenige Wissenschaft, die über die menschliche Fassungskraft geht, die göttliche nennt, so pflegen die Menschen auch ein Werk, dessen Ursache dem gemeinen Volke unbekannt ist, ein göttliches Werk oder ein Werk Gottes zu nennen." Ferner ist gen Schluß des Kapitels zu lesen: „Alles dies lehrt ganz deutlich, daß die Natur eine feste und unveränderliche Ordnung beobachte, und daß Gott in allen uns bekannten und unbekannten Jahrhunderten derselbe gewesen sei, und daß die Gesetze der Natur so vollkommen und fruchtbar seien, daß ihnen weder etwas zugesetzt noch genommen werden könne, und endlich, **daß die Wunder den Menschen blos wegen ihrer Unwissenheit als etwas Neues erscheinen.** Dies wird also in der Schrift ausdrücklich gelehrt, nirgends aber, daß in der Natur sich etwas zutrage, das ihren Gesetzen widerspräche oder nicht aus ihnen folgen könnte; man darf dies also auch der Schrift nicht andichten."

Ganz besonders aus diesem „Wunder"=Kapitel und aus dem folgenden, welches „von der Auslegung der Schrift" handelt, er=

hellt auf's Wunderbarste, daß Spinoza absoluter Protestant ist, d. h. ein Mann, der das Grundprinzip des Protestantismus, nämlich die volle individuelle Freiheit in der Erforschung und Erklärung der Heiligen Schrift, wie kein Anderer vor ihm auf den Schild erhoben hat. Der gesammte spätere Rationalismus in der Theologie baut auf Spinoza. Derselbe sagt von seiner hermeneutischen Methode, „daß sie von der Methode, die Natur zu erklären, nicht verschieden sei, sondern ganz mit derselben übereinstimme." Den Supranaturalisten hält unser Meister die einschneidenden Worte entgegen: „Diejenigen also, die zum Verstehen des Sinnes der Propheten und Apostel ein übernatürliches Licht suchen, scheinen wahrlich des natürlichen Lichts zu ermangeln; ich bin daher weit entfernt, zu glauben, solche Leute hätten eine übernatürliche göttliche Gabe." Dieses im eminentesten Sinne protestantische Kapitel (7), das neben dem vorangehenden (Von den Wundern) auch heutzutage Jedem zu empfehlen ist, der sich in der scheinbaren Wunderwelt der Bibel vernunftgemäß zurecht finden will, schließt in dieser hochherrlichen Weise: „Denn da ein Jeder die höchste Befugniß hat, die Schrift zu erklären, so muß also auch die Norm der Erklärung nichts sein, als das Allen gemeinsame natürliche Licht, nicht irgend ein übernatürliches Licht, noch irgend eine äußere Autorität; denn sie darf nicht so schwer sein, daß sie nur von den scharfsinnigsten Philosophen gehandhabt werden könnte, sondern sie muß dem natürlichen und allgemeinen Menschengeiste und ihrer Fassungskraft angepaßt sein, wie wir dies als unsere Methode dargethan haben. Denn wir haben gesehen, daß die Schwierigkeiten, die sie jetzt hat, von der Faulheit der Menschen, nicht aber von der Natur der Methode herrühren."

Man muß in Wahrheit zugeben, daß es nach Luther unter den denkenden Geistern keine vollkommneren, kühneren Protestanten gegeben hat als Spinoza und Lessing. Diese soll man also wacker hören und studieren.

Vom achten Kapitel an unternimmt Spinoza den scharfsinnigen Versuch, nachzuweisen, wer die eigentlichen Verfasser der verschiedenen Bücher der Heiligen Schrift sind. Damit hat er Grundsteine zu einem kritischen Bau gelegt, an dem die gegenwärtige Theologie rüstig weiter formt und modelt. Darauf irgendwie einzugehen, liegt nicht im Rahmen der hier gestellten Aufgabe. Das neunte Kapitel („Andere Untersuchungen über dieselben Bücher, ob nämlich Esra die letzte Hand an sie gelegt habe; ferner, ob die Rand=Bemerkungen, die sich in den hebräischen Handschriften finden, verschiedene Lesearten gewesen sind") enthält einmal ein kurzes Selbstbekenntniß des großartigen Verfassers. Das ist ein um so kostbareres Dokument, als es gegen die noch immer auf's Neue lärmenden Autoren zeugen kann, welche nicht müde werden, zu behaupten, Spinoza hätte in vielen Dingen hierin voll subjektiver Leidenschaftlichkeit, zumal gegen seine ehemaligen Glaubensgenossen, geschrieben. Daß Spinoza sine ira et studio, nach reiflichster Ueberlegung, also in Objektivität geschrieben, mag folgendes Bekenntniß im IX. Kapitel bekräftigen: „Ja, ich setze noch hinzu, daß ich hier nichts schreibe, was ich nicht schon längst und lang überdacht habe, und ob ich gleich von Kindheit an mit den gewöhnlichen Ansichten über die heilige Schrift erfüllt worden war, so habe ich doch endlich die hier ausgesprochenen annehmen müssen."

Aus dem XI. Kapitel, das sich mit den Aposteln des Neuen Testaments beschäftigt, hebe ich noch einige Sätze heraus. „Niemand," so beginnt dieser Abschnitt, „der das Neue Testament liest, kann zweifeln, daß die Apostel Propheten gewesen sind." Aber es wird des Weiteren ausgeführt, daß sie auch Lehrer der Menschen ohne Unterschied des Volksstammes waren. Darin beruht der wesentliche Unterschied zwischen den universellen prophetischen Lehrern des Neuen Testaments und den singularen Propheten des Alten Bundes. Ferner sagt Spinoza: „Endlich ist kein Zweifel, daß daraus, daß die Apostel die Religion auf verschiedene Grundlagen bauten, viele Streitigkeiten und Trennungen entstanden sind, durch welche die Kirche schon von den Zeiten der Apostel an unablässig beunruhigt worden ist und gewiß in Ewigkeit beunruhigt werden wird, bis endlich einmal die Religion von den philosophischen Spekulationen getrennt und auf die wenigen ganz einfachen Lehrsätze, die Christus seine Jünger lehrte, zurückgeführt werden wird."

Im XII. Kapitel spricht Spinoza „von der wahren Urschrift des göttlichen Gesetzes, und in welcher Beziehung die Schrift die heilige, und in welcher Beziehung sie das Wort Gottes genannt wird. Schließlich wird gezeigt, daß sie, insofern sie das Wort Gottes enthält, unverfälscht auf uns gekommen sei." Es beginnt also: „Diejenigen, welche die Bibel, wie sie ist, als einen Brief ansehen, den Gott den Menschen vom Himmel herab gesandt habe, werden ohne Zweifel schreien, daß ich eine Sünde an dem heiligen Geiste begangen habe, indem ich behauptet habe, daß das Wort Gottes fehlerhaft, verstümmelt, verfälscht und sich widersprechend sei, daß wir nur Bruchstücke davon haben, und endlich, daß die Urschrift des Bundes, den Gott mit den Juden geschlossen hat, verloren gegangen sei. Aber ich zweifle nicht, daß sie alsbald zu schreien aufhören würden, wenn sie die Sache selbst gehörig erwägen wollten." Daß aber Spinoza eben so wenig wie Lessing, sein geistiger Nachfolger in der Kritik der Theologie, zu den lediglich negirenden Geistern gehört, die, weil sie Widersprüche in der Heilgen Schrift finden, dieselbe ohne Weiteres vom Throne ihrer Heiligkeit stürzen möchten, — das mag folgende Stelle desselben Kapitels neben vielen andern erhärten, nämlich: „Denn dieses benimmt, wie wir gesagt haben, der Göttlichkeit der Schrift nichts, denn die Schrift wäre eben so göttlich, wenn sie auch mit anderen Worten oder in einer anderen Sprache geschrieben wäre. Daß wir also in dieser Hinsicht das göttliche Gesetz unverfälscht erhalten haben, kann Niemand bezweifeln. Denn aus der Schrift entnehmen wir ohne die geringste

Schwierigkeit und Zweideutigkeit, daß ihr Hauptinhalt ist, Gott über Alles und den Nächsten wie sich selbst zu lieben." Man darf sagen, daß dies auch der Inhalt des Spinoza'schen Lebenswerkes ist, obwohl immer wieder betont werden muß, daß er sich in unterschiedliche ausdrückliche Widersprüche und Irrthümer verwickelt.

Im XIII. Kapitel zeigt Spinoza, „daß die Schrift nur ganz Einfaches lehre und auf weiter nichts als Gehorsam abzwecke." Der Schlußgedanke desselben ist wieder zu schön und originell, als daß ich ihn dem freundlichen Leser vorenthalten sollte. „Wer also dadurch," lehrt Spinoza, „daß er das Wahre glaubt, ungehorsam wird, der hat in der That einen gottlosen Glauben, und wer hingegen dadurch, daß er etwas Falsches glaubt, gehorsam wird, der hat einen frommen Glauben. Denn wir haben gezeigt, daß die wahre **Erkenntniß Gottes** kein Gebot, sondern ein **göttliches Geschenk** sei, und daß Gott von den Menschen **keine andere Erkenntniß, als die seiner göttlichen Gerechtigkeit und Liebe** verlangt habe, welche Erkenntniß nicht zu den Wissenschaften, sondern nur zum Gehorsam nothwendig ist."

Von diesem Fundamente aus bestimmt auch Spinoza im folgenden (XIV.) Kapitel das Wesen des Glaubens. Man begreift es schon aus vielen mitgetheilten Spinoza'schen Ideen, daß er darin dem Verfasser der Epistel St. Jacobi huldigt. In Wahrheit kann diese Deduktion eine philosophische Paraphrase der Epistel Jakobi, die auf eine Harmonie zwischen dem Glauben und den Werken hinausläuft, genannt werden. Vortrefflich, ausgezeichnet durch Einfachheit und Tiefe sind Spinoza's Definitionen des Glaubens. Nach Spinoza ist der Glaube nichts Anderes „als von Gott dasjenige zu denken, durch dessen Nichtwissen der Gehorsam gegen Gott aufgehoben wird; und was, wenn dieser Gehorsam gesetzt wird, nothwendig gesetzt werden muß." Daraus folgert Spinoza, wobei er sich u. A. auf Jakobus und Johannes den Epistelverfasser beruft, mit Recht „daß derjenige, der wahrhaft gehorsam ist, nothwendig den wahren und seligmachenden Glauben hat." Ferner gegen alle gottesfeindliche Hierarchie: „Und hieraus folgt abermals, daß diejenigen wahre Antichristen sind, welche rechtschaffene und Gerechtigkeit liebende Männer deshalb verfolgen, weil sie abweichender Meinung sind und nicht dieselben Satzungen des Glaubens vertheidigen, wie sie. Denn von denen, welche Gerechtigkeit und Liebe lieben, wissen wir, daß sie dadurch allein Gläubige sind, und wer Gläubige verfolgt, ist ein Antichrist." Als Summe seiner Glaubensanschauungen stellt Spinoza sieben „Dogmen des allgemeinen Glaubens, oder die Grundsätze des Endzweckes der gesammten heiligen Schrift" auf. Die vier ersten enthalten die aus Spinoza's allgemeiner Philosophie bekannten Attribute Gottes; Dogma V. lehrt, worin die Gottesverehrung besteht; Dogma VI. scheidet die Seligen des Reichs von den Unseligen. Das VII. Schlußdogma mag hier ganz stehen: „Endlich vergiebt Gott den Reuigen ihre Sünden. Denn es ist kein Mensch der nicht sündigte; würde dieses also nicht aufgestellt, so würden Alle an ihrer Seligkeit verzweifeln, und es wäre kein Grund vorhanden, Gott für barmherzig zu halten; wer dieses aber fest glaubt, daß Gott nämlich vermöge seiner Barmherzigkeit und Gnade, durch die er Alles lenkt, den Menschen ihre Sünden vergebe, und dadurch mehr zur Liebe gegen Gott entflammt wird, der hat Christus in der That nach dem Geiste erkannt, und Christus ist in ihm."

Hieraus sehen wir deutlich, daß auch Spinoza, ein spezifisch philosophisch-denkerischer Geist, welcher Philosophie und Theologie gänzlich getrennt wissen will, zur Nothwendigkeit gelangt, Dogmen seiner Religion aufzustellen. Und in Wahrheit ist auch eine Religion ohne Dogmen ein Unding. Nur darf man nicht wähnen, daß die von menschlichen Autoritäten aufgestellten Dogmen ewig unwandelbar seien; vielmehr ist es die Aufgabe der im Heiligen Geiste fortschreitenden Zeitalter, eine jeweilige **Umgestaltung der Dogmen** vorzunehmen, so zwar, daß sie dem schlichten Manne des Volkes ebenso vernehmlich sprechen, wie dem Allergebildetsten.

VI.

Im XV. Kapitel mit der schier paradoxen Ueberschrift „Die Theologie ist weder der Vernunft, noch die Vernunft der Theologie dienstbar" unternimmt es Spinoza, Philosophie und Theologie gänzlich von einander zu trennen. Ich übergehe es als nicht zum vorliegenden Thema gehörig, bemerke nur, daß ich die darin aufgestellten Lehrmeinungen nicht theile, vielmehr der Ansicht huldige, daß Glauben (Theologie) und Wissenschaft (Philosophie) durchaus nicht so unvereinbare Gebiete sind, wie es Spinoza und andere Denker Wort haben wollen. Religion und Philosophie stehen dennoch im Kausalkonnex. Der Prophet erkennt nur durch Intuition ohne Weiteres irgend eine echte Gottesidee, wozu der Philosoph erst durch viele Vernunftschlüsse gelangen kann.

Mit dem 16. Kapitel „von den Grundlagen des Staates, von dem natürlichen und dem bürgerlichen Rechte eines Jeden und von dem Rechte der höchsten Gewalten" beginnt der überwiegend politisch gefärbte Theil dieses großen weisheitsvollen Traktats. Dieses geht so bis zum zwanzigsten, dem Schlußkapitel. Es ist eine ebenso dankbare, wie der Gegenwart ersprießliche Aufgabe, **Spinoza als Politiker und Sozialisten** zu würdigen; hier haben wir damit nichts zu thun. Es versteht sich von selbst, daß auch diese Partieen denselben hohen, im eminentesten Sinne freien und kühnen Geist bekunden, der aus Allem hervorleuchtet, was Spinoza geschaffen hat. Aber auch das Politische wird wieder im Hinblick auf die Hebräer und ihren Idealstaat (die Theokratie) beleuchtet. Sorgfältigste, reifste Erwägung, verbunden mit der tiefsten Ehrfurcht vor den bestehenden Staatsgesetzen zeichnen diese ganze Darstellung des herrlichen, duldenden Denkers aus. Spinoza beschließt sein ganzes Buch (Schluß des XX. Kapitels, worin gezeigt wird „daß es in einem freien Staate einem Jeden erlaubt sei, zu denken was er wolle und zu sagen was er denke") folgendermaßen: „Ich muß nur noch ausdrücklich darauf aufmerksam machen, daß ich in derselben (sc. Abhandlung) nichts geschrieben habe, was ich nicht sehr gern der Prüfung und dem Urtheile der höchsten Gewalten meines Vaterlandes unterwerfen möchte. Denn wenn sie urtheilen sollten, daß Etwas von diesem, was ich gesagt habe, den vaterländischen Gesetzen widerstreite oder dem Gemeinwohl schädlich sei, so will ich, daß dies nicht gesagt sei. Ich weiß, daß ich ein Mensch bin und daß ich habe irren können, ich habe mich aber ernstlich bemüht, nicht zu irren, und vor Allem, daß Alles, was ich schriebe, den Gesetzen des Vaterlandes, der Frömmigkeit und den guten Sitten durchaus entspräche." —

Ich selbst habe zur Schlußbetrachtung noch eine unser Thema betreffende wichtige Stelle aus dem XVII. Kapitel des Theologisch-Politischen Traktates herauszugreifen. Dieses Kapitel spricht davon, „daß Niemand der höchsten Gewalt Alles übertragen könne, und daß dies auch nicht nöthig sei. Ueber den Staat der Hebräer, wie er bei Mosis Lebzeiten, und wie er nach seinem Tode, ehe man Könige gewählt habe, beschaffen gewesen sei und über dessen Vorzüglichkeit, und endlich über die Ursachen, warum die Theokratie habe untergehen und beinahe nie ohne Aufstände habe bestehen können." Im Verlaufe der dadurch nöthig gewordenen Deduktion bringt Spinoza einen Gedanken zum Vorschein, der für die Gegenwart und das damit zusammenhängende Problema von großer Wichtigkeit ist. Es ist diese Stelle: „Die Liebe der Hebräer zu ihrem Vaterlande war also keine einfache Liebe, sondern Frömmigkeit, die, sowie der Haß gegen die übrigen Nationen, durch den täglichen Gottesdienst so gehegt und genährt wurde, daß sie zur andern Natur werden mußte; denn ihr täglicher Gottesdienst war [von dem der andern Völker] nicht blos durchaus verschieden (wodurch es kam, daß sie durchaus eigenthümlich und von allen andern Nationen völlig abgesondert waren), sondern er war diesem auch ganz und gar entgegengesetzt. Es mußte daher aus einer Art von täglichem Vorwurfe ein beständiger Haß entstehen, der fester als irgend Etwas in den Gemüthern haften konnte, als ein Haß nämlich, der aus großer Hingebung oder Frömmigkeit entsprungen war, und der für fromm gehalten wurde, und stärkeren und hartnäckigeren als diesen kann es wahrlich keinen geben. Es fehlte auch nicht an der gewöhnlichen Ursache, durch welche der Haß immer mehr und mehr angefeuert wird, nämlich an der Erwiederung desselben, denn die Völker mußten wiederum gegen sie den feindseligsten Haß hegen." Diese Anschauungen Spinoza's, welche zu bereits oben im Abschnitt IV vorgetragenen und erörterten in verwandtschaftlichem Verhältnisse stehen, treffen das uralte Problem vom „Ewigen Juden" in seinen innersten Herzensnerv hinein. Wer ernstlich an der Lösung dieses alle Gauen, Kreise und Klassen des Erdenrunds tief bewegenden Problems mitarbeiten will, hat ganz allein diesen Grundkern festzuhalten. Es hat sich Jeder klar zu machen, wie es kommen mußte, daß das Volk Israel in uralten Zeiten als etwas ganz Apartes, Exklusives zum providentiellen Heile aller anderen Völker herangebildet werden mußte, daß es demzufolge von souveräner Verachtung gegen alle anderen Nationen erfüllt ward, ja daß dieselbe vollständiges Glaubens- und Naturelement des Volkes werden mußte. Weil nun Wenige verstehen, die Heilige Schrift geistig zu erfassen, so wird auch Alles was hinsichtlich des Volkes Israel darin vorkommt, buchstäblich begriffen und man meint, das Volk als Volk müsse ewiglich in seiner Isolierung erhalten werden, um dereinst wieder nach Palästina geführt zu werden. Zu Spinoza's Zeiten war das specifisch mosaische Nationalbewußtsein bei den Israeliten unverhältnißmäßig stärker, intensiver ausgeprägt, als jetzt, mehr als zwei Jahrhunderte nach dem Tode dieses unvergleichlichen Mannes. Indessen krankt auch heute noch das Volk Israel — und wahrlich zu nicht geringem Theile durch die Schuld blindwüthiger sogenannter Christen, die den heiligen Namen Christi verunglimpfen, — an dem verderblichen Wahne der „ewigen" Race. Ich habe bereits früher (Was uns in der Religion Noth thut, S. 40) gesagt: Die Entfesselung der Mosaischen von ihrer uralten Nationalität ist eben so schwierig als nothwendig. Kranken schon in der Gegenwart alle Völker mehr oder weniger an einer unmäßigen Betonung des Nationalitätsprinzips, so gilt dies begreiflicher Weise im potenzierten Maße von den Bekennern Mosis, weil im einseitigen Mosaismus das Nationalitätsprinzip zum religiösen Dogma erhoben ist. Und das ist auch kein Wunder: denn die urgewaltige Kraft Mosis hat sie mit so mächtigen Fesseln dem HErrn Jehovah zu besonderem, auserkorenem Eigenthum nicht blos angebunden, sondern geradezu angeschmiedet, daß sich die Idee im Volke Israel festsetzte, es müßte ewig als Sondervolk fortbestehen. Darum ist es so riesenhaft schwer, daß das Volk Israel von seinem National-Egoismus erlöst werde. Aber der Christenheit liegt es ernstlich ob, die Mosaischen immer mehr davon zu befreien: denn damit wird die gesammte Menschheit in Wahrheit gefördert. —

In diesem einzig maßgebenden Sinne ist auch gegenwärtig das Volk Israel nur in sehr schwachem Grade emanzipiert. Aber hier darf im eigentlichsten Sinne des Wortes von einem mancipium (=Handbesitz, Eigenthum, von manu capere) gesprochen werden, und e mancipio (aus der Handfeste) des gewaltigen, aber einseitigen, specifisch nationalen Moses ist Israel erst noch zu befreien. Daher muß auch die Emanzipation Israels naturgemäß angegriffen werden, muß von innen heraus geschehen, während alles bisherige in Emanzipations-Angelegenheiten dieses Volksstammes nur auf äußerliche Weise geschehen ist und darum, wie alles Aeußerliche, nichts wahrhaft Ueberzeugendes für den maßgebenden Geist des Weltganzen besitzt. Die wirkliche Befreiung Israels aus diesem unglaublich gefesteten Mancipium kann selbstverständlich nur durch den Befreier aller Völker, durch den vollkommenen Israeliter Jesus Christus geschehen, durch welchen die Israeliten die Idee des „ewigen Israels" geistig begreifen lernen, sich ihrer wirklichen Mission bewußt werden und zur reineren Ausbildung der Christus-Lehre mitwirken können. Es kann auf die Dauer nicht angehen, eine Nationalität auf Kosten der ewigen Ausmerzung desjenigen Geistes dieser Nationalität stetig erhalten zu wollen, den alle epochemachenden Kulturvölker als ihren erhabensten Gottesgenius preisen und verehren. Da bleibt ein ewiges Unrecht vor dem richtenden Weltgeiste bestehen und dieses ungesühnte Unrecht wirft einen beständigen Makel auf die sonst so glorreiche israelitische Nation zurück. Dies zu erkennen und an der Tilgung dieser ewigen Kultursünde rastlos zu arbeiten, muß darum eine wesentliche Aufgabe des sich seiner wahrhaften Mission bewußt werdenden Volkes Israel sein und bleiben. Auf diese Weise werden sie dem ergreifenden prophetischen Worte des königlichen Jesajas zur Erfüllung verhelfen, der da predigt: „Denn er wird den Tod verschlingen ewiglich. Und der HErr Jehovah wird die Thränen von allen Angesichtern abwischen, und wird aufheben die Schmach seines Volkes in allen Landen; denn Jehovah hat es gesagt." (Jesajas 25, 8).

Der Schlüssel zur Lösung unseres Problems ist also klar und deutlich gegeben: Christen und Israeliten haben gleicherweise, getragen von der richtigen Erkenntniß der Aufgabe, an ihrer Lösung thätig zu sein. Die wirkliche, innerliche Emanzipation Israels ist eine der nothwendigsten Aufgaben der Gegenwart, deren wirkliche Lösung ohne alle Palliativmittel, ohne jede krankhafte Sentimentalitäts-Anwandlung, allein im Lichtgeiste der allumfassenden Christ-Liebe unternommen und vollzogen werden kann.

Epilog.

Die Form eines Epilogs möchte ich noch benutzen, um Zweierlei vorzutragen, das zwar nicht zum Verständniß des Haupttextes unumgänglich nothwendig erscheint, aber immerhin zu besserer Beleuchtung, resp. Bekräftigung mancher Theile des oben Vorgetragenen dienen mag.

I.

Zu den traurigsten Auswüchsen der leidenschaftlichen, haßerfüllten Bewegung gegen alles Israelitische gehört jedenfalls die Verunglimpfung von Geistern, die von der ganzen maßgebenden Kulturwelt als besonders hoch, mächtig und verehrungswürdig anerkannt sind. In der neuesten Zeit fehlt es sogar nicht an wunderlichen, durchaus verblendeten Autoren, welche die Gesinnungsgröße, die innere Heiligkeit eines Spinoza in freventlicher Vermessenheit anzutasten wagen. Darum mag es nicht überflüssig erscheinen, daß ich zu den bereits im Laufe der Abhandlung hie und da vorgeführten Urtheilen etwelcher Geistesgrößen über diesen Denker hier noch verschiedene Stimmen ihr Preislied zu Ehren Spinoza's singen lasse.

Wie hoch Spinoza in Goethe's Schätzung stand, kann schon aus der oben citierten Stelle aus „Wahrheit und Dichtung" erkannt werden. Es muß aber betont werden, daß gerade der universellste deutsche Dichtergenius sich in den mannigfachsten Phasen seines vielbewegten Lebens immer wieder in den hoheitsvollen Geist Spinoza's versenkte, um die dann und wann verlorene Ruhe und Friedensstille der Seele wiederzugewinnen. Die oben citierte Stelle aus „Wahrheit und Dichtung" gehört dem XIV. Buche an. Im sechzehnten Buche (Vierter Theil) kommt Goethe abermals auf Spinoza zu sprechen, nachdem er „lange nicht an Spinoza gedacht hatte". Der Artikel „Spinoza" in Bayle's Wörterbuch erweckte seinen Widerspruch. Goethe sagt: „Der Artikel Spinoza erregte in mir Unbehagen und Mißtrauen. Zuerst sogleich wird der Mann als Atheist und seine Meinungen als höchst verwerflich angegeben, sodann aber zugestanden, daß er ein ruhig nachdenkender und seinen Studien obliegender Mann, ein guter Staatsbürger, ein mittheilender Mensch, ein ruhiger Particulier gewesen, und so schien man ganz das evangelische Wort vergessen zu haben: An ihren Früchten sollt ihr sie erkennen! Denn wie will doch ein Menschen und Gott gefälliges Leben aus verberblichen Grundsätzen entspringen?

„Ich erinnerte mich noch gar wohl, welche Beruhigung und Klarheit über mich gekommen, als ich einst die nachgelassenen Werke jenes merkwürdigen Mannes durchblättert. Diese Wirkung war mir noch ganz deutlich, ohne daß ich mich des Einzelnen hätte erinnern können; ich eilte daher abermals zu den Werken, denen ich soviel schuldig geworden, und dieselbe Friedensluft wehte mich wieder an. Ich ergab mich dieser Lektüre und glaubte, indem ich in mich selbst schaute, die Welt niemals so deutlich erblickt zu haben." In demselben Abschnitte heißt es u. A.:

„Mein Zutrauen auf Spinoza ruhte auf der **friedlichen Wirkung**, die er in mir hervorbrachte, und es vermehrte sich nur, als man meine werthen Mystiker des Spinozismus anklagte, als ich erfuhr, daß Leibnitz selbst diesem Vorwurf nicht entgehen können, ja daß Boerhave, wegen gleicher Gesinnungen verdächtig, von der Theologie zur Medizin übergehen müssen."

Ferner noch in eben diesem Abschnitte: „— — — und man wird dem Verfasser von Werther und Faust wohl zutrauen, daß er, von solchen Mißverständnissen tief durchdrungen, nicht selbst den Dünkel gehegt, einen Mann vollkommen zu verstehen, der, als Schüler von Descartes, durch mathematische und rabbinische Kultur sich zu dem Gipfel des Denkens hervorgehoben, der bis auf den heutigen Tag noch das Ziel aller speculativen Bemühungen zu sein scheint.

„Was ich mir aber aus ihm zugeeignet, würde sich deutlich genug darstellen, wenn der Besuch, den der ewige Jude bei Spinoza abgelegt, und den ich als ein werthes Ingrediens zu jenem Gedichte (sc. „vom ewigen Juden") mir ausgedacht hatte, niedergeschrieben übrig geblieben wäre." Es folgt nun eine lange naturphilosophische Deduktion, die als „Hauptpunkte jenes Verhältnisses zu Spinoza" zu betrachten sind.

Späterhin kommt Goethe, der sich selbst in seinen mannigfachen Apotheosen Spinoza's „seinen leidenschaftlichsten Schüler, seinen entschiedensten Verehrer" nennt, auch in den „Annalen oder Tag- und Jahresheften" im Jahre 1811 wieder einmal auf Spinoza zu sprechen. Dort heißt es: „Jacobi von den göttlichen Dingen machte mir nicht wohl; wie konnte mir das Buch eines so herzlich geliebten Freundes willkommen sein, worin ich die These durchgeführt sehen sollte, die Natur verberge Gott! Mußte, bei meiner reinen, tiefen, angeborenen und geübten Anschauungsweise, die mich Gott in der Natur, die Natur in Gott zu sehen unverbrüchlich gelehrt hatte, so daß diese Vorstellungsart den Grund meiner ganzen Existenz machte, mußte nicht ein so seltsamer, einseitig beschränkter Ausspruch mich dem Geiste nach von dem edelsten Manne, dessen Herz ich verehrend liebte, für ewig entfernen? Doch ich hing meinem Verdrusse nicht nach, ich rettete mich vielmehr zu meinem alten Asyl, und fand in Spinoza's Ethik auf mehrere Wochen meine tägliche Unterhaltung, und da sich indeß meine Bildung gesteigert hatte, ward ich im schon Bekannten gar manches, das sich neu und anders hervorthat, auch ganz eigen frisch auf mich einwirkte, zu meiner Bewunderung gewahr."

Einige Jahre darauf (1816) nimmt Goethe Gelegenheit, ausdrücklich hervorzuheben, daß Spinoza mit Shakespeare und Linné die geistige Trias bildet, die ihn auf's nachdrücklichste beeinflußt habe. Goethe erwähnt dieses in einem Briefe an Zelter (Briefwechsel II. Band, S. 334 vom 7. November 1816), wie folgt: „Freilich erfahren wir erst im Alter, was uns in der Jugend begegnete. Wir lernen und begreifen ein für allemal nichts! Alles, was auf uns wirkt, ist nur Anregung und, Gott sei Dank! wenn sich nur etwas regt und klingt. Dieser Tage hab' ich wieder Linné gelesen und bin über diesen außerordentlichen Mann erschrocken. Ich habe unendlich von ihm gelernt, nur nicht Botanik. Außer Shakespeare und Spinoza wüßt' ich nicht, daß irgend ein Abgeschiedener eine solche Wirkung auf mich gethan."

So weit Goethe. Wenn nun ein solcher Genius so verehrungsvoll zu Spinoza emporschaut, soll da nicht jeder Mensch, zumal jeder Deutsche eine Mahnung daraus schöpfen, einen heiligen Urquell Goethe'schen Bildungsstoffes in Ehren zu halten. Der Undank ist eine gar zu garstige Untugend. Ein undankbares Gemüth ist voll von schnödem Egoismus. Wer da im Ernste weiß, was er einem Goethe im Geiste schuldig ist, wird auch aus ihm lernen und beherzigen müssen, was er einem Spinoza verdankt und nicht dulden dürfen, daß allerhand täppische Hände sich an ihm fort und fort versündigen, indem sie seine Gesinnungsgröße verunglimpfen. — Novalis (Friedrich von Hardenberg), mit Recht „der Prophet der romantischen Schule" genannt, kommt nicht selten auf Spinoza zu sprechen, besonders im II. Bande seiner Schriften. Dort heißt es in den „Fragmenten vermischten Inhalts": „Spinoza's Idee von einem kategorischen, imperativen, schönen oder vollkommnen Wissen, einem alles übrige Wissen annihilierenden und den Wissenstrieb angenehm aufhebenden Wissen, kurz, einem wollüstigen Wissen (welche Idee allem Mysticismus zu Grunde liegt) ist äußerst interessant". Ferner ebendort: „Spinoza ist ein Gott-trunkener Mensch. — Der Spinozismus ist eine Uebersättigung mit Gottheit."

Besonders gern wird von allerhand unverständigen Skribenten Arthur Schopenhauer ins Feld geführt, um gegen Spinoza zu zeugen. Dieser tiefsinnige Philosoph hat sich aber wie folgt für Spinoza ausgesprochen: „Bruno und Spinoza sind hier ganz auszunehmen. Sie stehen jeder für sich und allein und gehören weder ihrem Jahrhundert noch ihrem Welttheil an, welche den einen mit dem Tode, dem andern mit Verfolgung und Schimpf lohnten. Ihr kümmerliches Dasein und Sterben in diesem Occident gleicht dem einer tropischen Pflanze in Europa. Ihre wahre Geistesheimath waren die Ufer der heiligen Ganga: dort hätten sie ein ruhiges und geehrtes Leben geführt, unter ähnlich Gesinnten". (Schopenhauer: Die Welt als Wille und Vorstellung, II. Auflage Band I, S. 500 im Anhang „Kritik der Kantischen Philosophie", Anmerkung). —

Wie in der auf Goethe folgenden Literatur-Epoche Heinrich Heine als der vollkommenste Typus eines lyrischen Dichters zu bezeichnen ist, so scheint er mit dem Dichterfürsten Göthe auch in dessen Spinoza-Verehrung wetteifern zu wollen.

Wie über alle Größen der modernen Literatur so verdanken wir Heinrich Heine auch über Spinoza nicht wenige genievolle Kundgebungen. Zu dem bereits oben Mitgetheilten füge ich noch Folgendes hinzu, das seinem Werke "Ueber Deutschland, I. Theil: Zur Geschichte der Religion und Philosophie in Deutschland" entnommen ist. Im zweiten Buche dieses Theiles (von Luther bis Kant) sagt Heine unter Anderem: "Konstatiert ist es, daß der Lebenswandel des Spinoza frei von allem Tadel war, und rein und makellos wie das Leben seines göttlichen Vetters, Jesu Christi. Auch wie dieser litt er für seine Lehre, wie dieser trug er die Dornenkrone. Ueberall wo ein großer Geist seinen Gedanken ausspricht ist Golgatha."

Ferner: "Mit diesem Horne wurde die Exkommunikation des Spinoza akkompagniert, er wurde feierlich ausgestoßen aus der Gemeinschaft Israels und unwürdig erklärt, hinfüro den Namen Jude zu tragen. Seine christlichen Feinde waren großmüthig genug, ihm diesen Namen zu lassen. Die Juden aber, die Schweizergarde des Deismus, waren unerbittlich, und man zeigt den Platz vor der spanischen Synagoge zu Amsterdam, wo sie einst mit ihren langen Dolchen nach dem Spinoza gestochen haben.

"Ich konnte nicht umhin, auf solche persönliche Mißgeschicke des Mannes besonders aufmerksam zu machen. Ihn bildete nicht blos die Schule, sondern auch das Leben. Das unterscheidet ihn von den meisten Philosophen, und in seinen Schriften erkennen wir die mittelbaren Einwirkungen des Lebens." Ferner: "Nur Unverstand und Böswilligkeit konnten dieser Lehre das Beiwort ‚atheistisch' beilegen. Keiner hat sich jemals erhabener über die Gottheit ausgesprochen wie Spinoza. Statt zu sagen, er leugne Gott, könnte man sagen, er leugne den Menschen." Im weiteren Verlaufe dieses Abschitts gelangt Heine auch zu Moses Mendelssohn und widmet ihm, der ein heftiger Antagonist Spinoza's war, einige fast tragikomisch ausklingende Gedanken: näm-

76)

lich: „Ich bin deshalb vielmehr der Meinung, daß Moses Mendelsohn in dem reinen Mosaismus eine Institution sah, die dem Deismus gleichsam als eine letzte Verschanzung dienen konnte. Denn der Deismus war sein innerster Glaube und seine tiefste Ueberzeugung. Als sein Freund Lessing starb, und man denselben des Spinozismus anklagte, vertheidigte er ihn mit dem ängstlichsten Eifer, und er ärgerte sich bei dieser Gelegenheit zu Tode." —

Hieran schließe ich eine kurze vielsagende Mittheilung aus Berthold Auerbach's historischem Romane: Spinoza (Stuttgart 1837), Band II. S. 231 im 29. Kapitel („Missionäre"). Dort heißt es: „Er (Spinoza) wies sie" (sc. die Verwandten, die den Apostaten insultierten) „mit lächelnder Ruhe zurück; sie aber wurden immer heftiger, schimpften und verfluchten ihn und drohten, ihn in Stücke zu zerreißen, wenn er die Schande seiner Lebensweise nicht von ihrer Verwandtschaft abwälze". Wenn bei irgend Jemand, so darf bei Spinoza an den bekannten unsterblichen Vorgang aus des Erlösers Leben erinnert werden. „Und ärgerten sich an ihm. Jesus aber sprach zu ihnen: Ein Prophet gilt nirgends weniger, denn in seinem Vaterlande und in seinem Hause." (Ev. Matthäi 13, 57; cf. Ev. Marci, 6, 4; Ev. Joh. 4, 44). —

Von ganz besonderem Interesse ist es in Anbetracht der in Rede stehenden Bewegung zu vernehmen, wie sich der philosophische Schriftsteller Dr. E. Dühring über Spinoza äußert. Ich theile hier Dühring'sche Ansichten über Spinoza aus seiner im Jahre 1869 im Verlage von L. Heimann, Berlin, erschienenen „Kritischen Geschichte der Philosophie von ihren Anfängen bis zur Gegenwart" mit. Darin sagt Dühring u. A. über Spinoza (S. 279): „Das äußere Leben des zum Verzicht auf eine gewöhnliche Laufbahn entschlossenen Mannes ist zwar seit der erwähnten Ausschließung sehr einfach verlaufen und hat in seinen Einzelheiten nur unerhebliche Veränderungen erfahren. Im Ganzen ist es aber ein Bild der großartigsten philosophischen Gesinnung. Die Umstände, unter denen es sich darstellte, lassen es als ein Opfer erscheinen, welches dem Genius der Philosophie gebracht wurde. Der entschiedene Verzicht auf alle positiven Lebensinteressen und die unbedingte Hingabe an den von der Natur empfangenen Beruf gelangten auch in der äußern Daseinsweise des Denkers zum vollständigsten Ausdruck." Ebenda S. 280: „Spinoza — — — repräsentirt überhaupt jene höhere Art des Autodidaktenthums, welche nach den Erfahrungen der Geschichte fast die regelmäßige Vorbedingung der Leistungen ersten Ranges zu sein scheint". Ferner noch am Schlusse des dem Spinoza gewidmeten Kapitels (S. 313): „ Sein wir daher zufrieden, daß wir an derartigen bedeutenden Erscheinungen die philosophischen Ergebnisse nicht blos nach der Strenge der verstandesmäßigen Sätze, sondern auch nach den zu Grunde liegenden Gesinnungs= antrieben und im Zusammenhang mit der durch das Ganze der Persönlichkeit vertretenen Haltung messen dürfen. Aus diesem Gesichtspunkte wird ein Spinoza jederzeit der schärfsten Kritik standhalten, und selbst die zum Theil verfehlten Ideen werden über ihre besondere Gestaltung hinaustragen. Man wird, wenn man mit seinen Schriften verkehrt, wenigstens in ein Reich eintreten, in welchem der philosophische Ernst und die Kraft der philosophischen Gesinnung in einem Grade thätig gewesen sind, wie er in der gesammten Geschichte nur wenige Male erreicht und wohl nur zweimal, nämlich in Sokrates und Bruno übertroffen worden ist." —

Eduard von Hartmann reiht sich all diesen auserlesenen Apologeten Spinoza's würdig an. Spinoza's Christähnlichkeit drückte er einmal so aus: „Der Glaube, daß niemand zu Gott komme als durch Christum, ist zugleich das Anathema gegen alle, die nicht an die Nothwendigkeit dieser Mittlerschaft glauben, und der Glaube, daß der Logos in Christo in einem unver=

gleichlich anderen Sinne Fleisch geworden sei als etwa in Laotse oder Spinoza, ist den heutigen Gebildeten schlechterdings nicht mehr zuzumuthen." (Aus Hartmann „die Selbstzersetzung des Christenthums und die Religion der Zukunft", Berlin 1874, II. Aufl., S. 49.)

Hoffentlich genügt diese stattliche Blumenlese aus dem Reiche des Geistes, um jeden sich noch immer gegen den göttlichen Spinoza aufthuenden Lästermund ein für alle mal zum Verstummen zu bringen. Denn wahrlich darf dieser Spinoza, ein echter Prometheus der Philosophie auch mit dem alten Aeschyleischen Prometheus von sich sagen:

„O seht in Fesseln mich, den unglückel'gen Gott,
Mich, Zeus' Urfeind, der allen ein Gräul,
Den Unsterblichen ward, so viel im Olymp
Eingehn in Kronions Herrscherpalast,
Weil über Gebühr ich die Menschen geliebt!"
(Aeschylus: Prometheus, Vers 118—122,
Deutsch von Donner.)

2.

Als die Bewegung gegen das Volk Israel zu höchster Sturmfluth angewachsen war, blieb dem Häuflein Derer, welche die Lösung dieses schweren Problems allein vom Lichte des wahren Christ-Geistes erhoffen durften, der Trost übrig, daß sich vereinzelte, aber machtvoll beredte Stimmen in diesem reinen Liebesgeiste vernehmen ließen. Diese wenigen besonnenen Männer ließen die Hoffnung wieder stark werden, daß das Volk Israel unter den anderen Völkern seine Mission in dem Sinne vollenden wird, wie es die Propheten und Apostel der Heiligen Schrift verkündet haben. Um so zuversichtlicher darf die Friedenshoffnung gehegt werden, als theologische und rein-wissenschaftliche Geister sich in der Erfüllungs-Idee begegnen. Auf einige besonders wichtige

Stimmen aus diesem Kreise möchte ich hier noch besonders hinweisen.

Prof. Dr. Franz Delitzsch war einer der Ersten, der die Gefahren schilderte, welche dem wahren Reiche Christi aus diesem blinden, tollen Haß entstehen mußten. Er that dies in seiner ebenso gelehrten, als interessanten Schrift „Rohling's Talmudjude", Leipzig 1881. Darin läßt sich Delitzsch u. A. also vernehmen (S. 8/9, Vorrede) „Der Rassenhaß erhebt sich immer drohender und da er sich in einer Sackgasse befindet, aus der er nur durch illiberalen Krebsgang heraus könnte, geberdet er sich immer tragikomischer. Auch Konservative und Gläubige schüren den Brand, und nur gering ist die Zahl derer, in welchen Liebe zu Jesus und Liebe zu dem Volke, dem er entsprossen, sich durchbringen. Die Judenfrage ist in ihrem letzten Grunde eine religiöse Frage. Es handelt sich schließlich um die Stellung zu Christus, dem Stein, welcher trägt aber auch zerschellt. Ihn den Juden im rechten Lichte zu zeigen ist die Aufgabe der Kirche, aber sie hat Ihn diesen noch weit mehr als der Talmud verschleiert — denn es liegt für den Juden nicht allein über dem alttestamentlichen Worte der Weissagung der Schleier Mose's, sondern auch über der Person Jesu des Messias der theils mit inquisitorischem Blut, theils mit modern wissenschaftlichem Gifte getränkte Schleier der Kirche." Noch viele derartige Wahrheiten enthält diese überaus beherzigenswerthe Schrift. Interessant ist namentlich ein Gedankengang (S. 44), in dem sich unser Autor mit Dr. Holbheim, dem Vorkämpfer für jüdische Reform auseinandersetzt. „Und Samuel Holbheim", sagt Delitzsch, „der konsequente Vorkämpfer der Reform, geht in seiner denkwürdigen Schrift: Das Ceremonialgesetz im Messiasreich 1845 noch ungleich weiter und legt die Axt an die Wurzel": ‚Was in der mosaischen Gesetzgebung auf das Verhältniß des Israeliten als Menschen zu Gott, als eines Kindes zu seinem himmlischen

Vater Bezug hat, ist absolut religiös, daher ewig; was aber auf das Verhältniß des Israeliten als eines besonderen auserwählten Volkes zu seinem Gotte und Herrn sich bezieht, ist relativ religiös und muß, sobald der Israelit in das allgemeine menschliche Verhältniß zurückgekehrt ist, für ihn aufhören.' „Das ist auch unsere Ansicht. Die alttestamentliche Religion ist die Offenbarungsreligion auf ihrer nationalen Vorstufe. Aber Holbheim erhofft die messianische Religion, welche die Schranke des Volksthums durchbricht, von der Zukunft. Uns gilt das Christenthum als die messianische Religion. Seit dieses in die Welt gekommen, sagen die Menschen als solche, was Maleachi 2, 10 im Namen Israels sagt: Haben wir nicht Alle Einen Vater?"

Schließlich theile ich noch folgendes herrliche, liebevolle Wort aus diesem Büchlein mit (S. 47): „Darum vertrete ich, seit ich Jesus den Christ erkannt und Er sich mir bezeugt hat, die Sache der Mission, welche den Zweck hat, dem Juden das Christenthum in seinem urkundlichen wahren Wesen zu bezeugen, und ich meine: wenn das Volk, das wir lieben mit der Liebe mit der es Jesus geliebt hat, offene Augen hätte, so würde es erkennen, auf welcher Seite seine aufrichtigsten treuesten Freunde sich befinden." —

Zu denjenigen, die das Volk Israel „lieben mit der Liebe, mit der es Jesus geliebt hat", gehört auch der große Historiker Theodor Mommsen, der etwa zu derselben Zeit wie der oben erwähnte Theologe Delitzsch sein kräftig gutes Wort in dieser Angelegenheit gesprochen hat. Auch der Historiker Mommsen gelangt von seinem geschichts=philosophischen Standpunkte zu einem ähnlichen Resultate wie der wohlwollende Theologe Delitzsch. Mommsen sieht mit vollem Rechte im Christenthum die Idee der Allgemeinheit, dem sich die modernen Israeliten als Kulturmenschen anzuschließen haben, während sie ohne dieses ideale Band der Gemeinsamkeit den christlichen Nationen innerlich immer=

hin noch fremd gegenüberstehen werden. — Das ist gewiß wahr: doch darf nie übersehen werden, daß man vom strenggläubigen (orthodoxen) Bekenner Mosis nimmermehr verlangen könne, er solle das Christenthum annehmen. Diese Forderung darf mit Fug und Recht immer nur, wie oben näher auseinandergesetzt wurde, an die von der Orthodoxie befreiten Israeliten gestellt werden.

Zu diesen hier charakterisierten echten Christennaturen gehören auch Dr. M. Baumgarten und Prof. Franz von Holtzendorff.

Der Theologe M. Baumgarten ist noch mehr als der Theologe F. Delitzsch von der christlichen Mission erfüllt, die Sache Israels „mit Paulinischem Auge" anzusehen und in diesem Sinne bei jeder Gelegenheit tapfer und muthig dafür einzustehen. Besonders schön und großartig hat dieser Gottesstreiter diese hohe Aufgabe in seinem „Doktor Martin Luther. Volksbuch zum Lutherfest am 10. November 1883" erfüllt. Gerade, weil er so unumwunden Luthers Riesengröße preist und ins rechte Licht setzt, darf er es getrost unternehmen, Luther's Standpunkt dem Volke Israel gegenüber einer scharfen unerschrockenen Kritik zu unterziehen. Ich werde nun mehrere darauf bezügliche Sätze aus Baumgartens begeistert geschriebener Jubelschrift zum Lutherfeste herausgreifen, die kaum eines weiteren Kommentars bedürfen. Im 24. Kapitel (Marburg, S. 137) heißt es: „Sollen wir aber zu einem solchen öffentlichen Handeln kommen, dann müssen wir uns zuvor losmachen aus den Banden des staatskirchlichen, pietistischen, reaktionären, antisemitischen und papstfreundlichen Christenthums und uns umgürten mit der christlichen Innerlichkeit, Wahrhaftigkeit und Mannhaftigkeit der protestantischen Heroenzeit. Dann erscheint Luther zum zweiten Mal, wie er so oft in Aussicht gestellt hat." Ferner im 29. Kapitel (Die kirchliche Heerschau, S. 164): „Es ist nicht lutherisch, sondern papiſtiſch, daß unſere kirchliche Rundſchauen die Welt, das Volk, die Liberalen, die Juden ſcharf verurtheilen, aber für die ſehr großen Schwächen unſerer gläubigen Theologen und Paſtoren, für die handgreiflichen Gebrechen der äußeren und inneren Miſſion kein freimüthiges Wort haben." Beſonders wichtig für unſere Frage iſt das 34. Kapitel (Die Schatten, S. 188 ff.), worin u. A. eingehend dargelegt wird, inwiefern ſich Luther „an den Juden verſündigt hat." Baumgarten ſagt (S. 191) „Viel nöthiger aber iſt es noch, die letzte Stellung Luthers zu den Juden zu beleuchten und zu berichtigen, damit nicht die antiſemitiſche Sekte, wie ſie ſchon angefangen hat, mit den letzten Schriften Luthers über und gegen die Juden einen verderblichen Mißbrauch treibe. Mit dieſer Sache ſteht es ſo, daß die erſten Schriften Luthers den Antiſemitismus als unchriſtlich verdammen, die letzten Schriften dagegen mit den leidenſchaftlichſten Führern des Antiſemitismus harmonieren. In der ganzen Geſchichte Luthers giebt es ſchlechter= dings Nichts, worin er nicht blos mit ſich ſelbſt, ſondern mit ſeinen eigenſten Grundſätzen ſo in Widerſpruch geräth; an dieſem Punkte zeigt ſich deutlich der Unterſchied zwiſchen einem Apoſtel Chriſti und einem Kirchen= reformator." Der Milderungsgrund für Luther iſt indeſſen in ſeiner leidenſchaftlichen Prophetennatur zu ſuchen. Ihm fehlte zuweilen in ſeinem Feuereifer, der nichts für ſich, für ſeine Perſon erſtrebte, ſondern Alles für das Himmelreich Chriſti, die nothwendige göttliche Geduld und Beſonnenheit.

Des Weiteren ſetzt Baumgarten klar auseinander, wie wenig die chriſtliche Kirche in dieſem Sinne der Warnungen und Lehren Pauli in ſeiner Römer=Epiſtel (vergl. oben im Texte) ein= gedenk blieb; dieſer Vorwurf iſt auch gegen Luther zu erheben, der es mehr und mehr verlernte, Israel „mit Pauliniſchem Auge" anzuſchauen. „Was Luther," ſagt Baumgarten (S. 194), „den Juden zum Vorwurf macht, ſind vornehmlich ihre Läſte=

rungen gegen Christus und dann ihr Wucher. Was das Letztere anlangt, so ist Luther nicht so einseitig wie die Antisemiten. Ehe Luther die Juden wegen ihres Wuchers anklagte, hat er viel früher und viel schärfer die Christen wegen dieser Sünde gestraft. Was sodann das Erstere betrifft, so zeigt sich darin wiederum der edelste Kern der Persönlichkeit Luthers, nämlich heiliger Eifer für Christi Majestät und Königreich. Aber gegen den Schluß, daß wegen dieser Lästerungen Israel nicht mehr Volk Gottes ist, protestirt die Heilige Schrift." Ferner ibidem: „Allein wenn Alles, was Luther an den Juden gesehen und erlebt hat, noch viel verdammlicher wäre: ärger als das, was Paulus an Leib und Seele von ihrer Hartherzigkeit und Argheit erfahren hat, kann es doch auf keine Weise gewesen sein. Und doch läßt Paulus sich nicht einen Augenblick durch solche Erfahrung an Gottes Berufung und Verheißung irre machen und verkündigt ohne allen Vorbehalt das große Geheimniß von Israel's Zukunft.

„Es ist dies der dunkelste Schatten in dem Werke Luthers, und unsere Aufgabe muß es sein, den späteren Luther durch den früheren zu berichtigen, nicht aber mit den Antisemiten in seines Schattens Fußtapfen zu treten. Des deutschen Antisemitismus schlimmstes Zeichen ist der Umstand, daß in seinen ersten Reihen ein evangelischer Hofprediger steht. Dieses Theologen Antisemitismus ist ein erneuerter und verschlimmerter Abfall von dem Apostel Paulus und von dem prophetischen Wort." Den Beschluß mag folgende Stelle (S. 195) machen: „Aber der mit christlichen Redensarten scheinheilig aufgeschmückte Antisemitismus ist nicht blos ein Mangel an dem Muth der That, sondern das verhängnißvolle Gegentheil, nämlich der Uebermuth der Reaktion, der schließlich nur zur Schmach und zum Schaden des wahren Christenthums ausschlagen kann. Dieser Antisemitismus ist ein

Pseudoluthertum, welches in der Krisis des bevorstehenden Luther=
festes nicht ungerügt bleiben darf." —

In jüngster Zeit hat Franz von Holtzendorff der Welt
aus dem reichen Schatze seines Geistes ein sehr beachtenswerthes
Buch „Zeitglossen des gesunden Menschenverstandes"
(München 1884) übergeben, das sich in aphoristischer Form über
Politik, Staatsrecht, Theologie, Wissenschaft, Socialismus rc. aus=
spricht; das Buch umfaßt im Ganzen acht Abschnitte. Im VII.
Abschnitte („Gesellschaft und Kulturwesen") ist über den „Anti=
Semitismus" wie folgt zu lesen (S. 156, 157, Nr. 173): „Der
Anti=Semitismus der Gegenwart setzt sich aus zwei Bestandtheilen
zusammen: Aus dem geistlichen Zorn orthodoxer Schriftgelehrten
darüber, daß der Jude trotz seiner zukünftigen Verdammniß auf
Erden so viel besser gedeihen soll, als der rechtgläubige Christ
trotz seiner zukünftigen Verheißungen; sodann aus der neidischen
Anerkenntniß einer dem Juden auf journalistischem
und kommerziellem Gebiet innewohnenden Ueber=
legenheit, die allen dadurch bedrohten Mitbewerbern als ver=
brecherisch oder betrügerisch erscheint. Was über das Semitenthum
gesagt worden, ist in der Hauptsache zweierlei: daß die Juden
von ihrer eigenen Selbstüberhebung und Verfolgungs=
sucht aus vorchristlicher Zeit und die christlichen Völker von der
mittelalterlichen Unterdrückung der Juden noch heute insofern zu
leiden haben, als durch Verfolgungen und Druck Einseitigkeiten
des jüdischen Wesens großgezogen wurden, daher viele Juden der
Gegenwart von der idealen Person eines Nathan genau so weit
entfernt sind, wie die Konsistorialräthe und Bischöfe der christlichen
Kirche von der Einfachheit der Apostel. Was die Anti=Semiten
predigen sollten, ist nichts Anderes als die alte Lehre, daß unge=
rechte Verfolgungen schwächerer Mitmenschen nicht
nur zum Elend der Unterdrückten, sondern in viel
höherem Maße zum Verderben der Verfolgenden aus=

zuschlagen pflegen." Von Franz von Holtzendorff, einem von Lessing'schem Humanismus ganz durchtränkten Denker, war keine andere Sprache zu erwarten, als die hier dargebotene Probe erkennen läßt. Besonders wichtig ist es, daß der Verfasser den **Faktor des Neides** als wesentlich, charakteristisch für den Anti=Semitismus betont; in Wahrheit spielt der Neid eine gar zu große Rolle in dieser Bewegung, er allein ruft die Gefahr hervor, daß aus der rein religiösen „Judenfrage" in Wirklichkeit eine sociale Frage gebildet werden könnte. Und da warnt denn von Holtzendorff von seinem philosophischen Standpunkte eben so ähnlich richtig, wie die zuvor erwähnten Männer von ihrem theo= logischen Standpunkte, daß derartige blinde Verfolgungen schließ= lich mehr den Verfolgern schaden müssen, als den Verfolgten. — In der von Holtzendorff'schen klaren, lichtvollen Darlegung dieses Wesens vermisse ich indessen ein **drittes** Moment. **Der Anti= Semitismus ist meines Bedünkens auch ein Symptom für die fortbestehende ideale Schuld des Volkes Is= rael.** Gerade diese Erkenntniß hat mich angetrieben, an der leitenden Hand Spinoza's in dieser hochernsten Angelegenheit das Wort zu ergreifen: Predigen wir uns Allen fort und fort **Toleranz**, verhehlen wir uns aber nicht, daß die Duldung nur das edelste, vornehmste **Mittel** ist, um die vorhandene Wahr= heit in das Menschengeschlecht mehr und mehr zu verpflanzen. Wir wollen die, so einer überflügelten Idee huldigen, gern weiter in Liebe dulden und ertragen, aber nimmermehr durch Duldung den Wahn groß ziehen, daß die alte abgestandene Idee der neu= geborenen, höheren Idee gleichberechtigt und damit ebenbürtig sei. — Auch hierin darf Lessing, der Großmeister der Tole= ranz, leuchtendes Vorbild bleiben. Zu eben der Zeit, wo er in „Nathan dem Weisen" das Hohelied der Duldung singt, wird er nicht müde, als wahrer Gottesstreiter und Menschenerzieher in zahlreichen theologischen und philosophischen Schriften für die superiore Macht, Kraft und Herrlichkeit des Christenthums zu zeugen. Der großartig duldende Lessing wollte also mit der Duldung der andern Religionen durchaus nicht lehren, daß der Mosaismus oder gar der Islam mit dem Christenthume auf gleicher Geistesstufe stünden. Aber wahre Duldung ebnet einem Jeden die Wege zur Verbreitung der von ihm erkannten Wahrheit.